重工企业：战略、管控与发展

白万纲　著

中国社会出版社

U0828618

图书在版编目(CIP)数据

重工企业:战略、管控与发展/白万纲著. —北京:中国社会出版社,2010. 9

ISBN 978-7-5087-3324-1

Ⅰ. ①重… Ⅱ. ①白… Ⅲ. ①重工—工业企业管理—中国 Ⅳ. ①F426

中国版本图书馆 CIP 数据核字(2010)第 171508 号

书　　名: 重工企业:战略、管控与发展
著　　者: 白万纲
责任编辑: 晓　晶　张　杰

出版发行: 中国社会出版社　　**邮政编码:**100032
通联方法: 北京市西城区二龙路甲 33 号
电话:编辑部:(010)66016392
邮购部:(010)66060275
销售部:(010)66080300　传真:(010)66051713
(010)66051698　传真:(010)66080880
(010)66080360　(010)66063678
网　　址: www. shcbs. com. cn
经　　销: 各地新华书店

印刷装订: 北京京海印刷厂
开　　本: 170mm×240mm　1/16
印　　张: 13. 5
字　　数: 220 千字
版　　次: 2010 年 10 月第 1 版
印　　次: 2010 年 10 月第 1 次印刷
定　　价: 26. 00 元

序

重工业体系建立于18世纪末至19世纪初英国爆发的工业革命，其标志是煤铁复合体的出现。煤铁复合体可以不依赖于其他行业自行发展，持续的投资可以使这个复合体的规模和精密程度指数化扩大，直到自然发展的界限，类似于生物一般的繁殖能力和进化能力，并能够为第一产业、轻工业和第三产业体系提供更多且更先进的机器设备，来使得这些产业的进化成为可能。

现代工业不仅规模可以指数化扩大，更重要的是加工精度和技术可以在一代代机器中积累，各种技术之间可以相互支援、提高。在差不多两个世纪的时间里，简陋的机床和蒸汽机进化成了今天的太阳能电厂、数控机床、气象卫星，而且能源、资源的采集和加工能力的提高还没有触顶的迹象，这种进步是手工业—农业社会根本无法想象的。

我国在重工业的发展进程中也取得了丰硕的成果。适逢当前国家再次进行重工行业的深化改革、未来5年里完成重工行业改制的良好契机，我们将重工企业战略、管控和发展等方面的知识和经验收集起来，汇编成册，以便共同学习探讨，以提高我国重工企业的管理水平和市场能力。

重工业乃一国之根基，也正是我国下一阶段产业结构调整和大力发展的重中之重。从国有重工企业的深化改革、集团化集约发展到民营重工企业集团的迅速崛起，都需要一个集团化管理思想认识和能力培养的过程。

我们将不懈努力，与各界仁人志士一起，共同关注重工企业及至整个国家的繁荣和发展。

前　言

19 世纪下半叶，清政府为了摆脱列强对我国钢铁的封锁和控制，抵御列强的经济侵略，也为了解决军备和民用工业对钢铁的需求，时任两广总督的张之洞主持兴建了湖北汉阳铁厂和大冶铁矿等重型企业，以此为标志，开创了我国重工行业发展之路。从新中国初期的国家领导人意识到发展国家重工业的紧迫性与重要性，到 20 世纪末东北老重工业基地的兴衰，再到如今的重工行业再次焕发青春和东北基地的重振，这样一部历史浓缩了我国重工业艰辛而卓越的发展历程。

由于我国重工企业早期具有“国有产权、指令性经营模式”的特征，在改革开放市场化的冲击下，重工企业正面临着“企业制度性、管理体制性和经营模式性”的问题与挑战。因此，我国重工企业在新形势下的管理管控模式的创新必须符合以下几点要求：第一，探索适应国有或者国有控股的产权制度特征的企业管控模式；第二，探索适合重工行业特征和控股集团管理体制的企业管控模式；第三，探索适合民营重工企业集团经营管理模式的企业管控模式。

但是，令人遗憾的是，许多重工集团企业在引入先进管控技术和工具后，却发现其应用效果并不理想，甚至失败。失败的一个最重要的原因就是集团公司管控没有真正结合自身实际，特别是重工企业所具有的特性，缺乏对结合实际的基于公司治理结构的管控模式的灵活运用。

我国的重工企业目前还没有完全转轨，仍存在部分的事业单位，因此从组织架构与组织管控上存在较大的差异性。也正是因为重工企业中还有相当一部分单位还处于转轨阶段，或是刚刚转轨，所以，总体上讲，采用的还并不都是现代的管控方法；许多集团公司都是经验管控，管理水平并不高，陈旧的管理跟不上现代的运营模式。再加上重工企业关系到国家的国防与科技水平，因此在组织管控与人力资源的管控上受政策性因素影响较大。

市场经济大潮中的重工现代企业管控模式的确立，不仅要符合现代企业制度的一般属性，而且必须兼顾到重工企业的特殊属性，既不能完全简单照搬一般民用企业的现代管控方案，也不能采用某一固定模式对重工企业进行管控。

重工企业有其特殊性，但其也具备众多企业的共性，值得我们深入研究。“十一五”规划明确提出，我国要大力发展造船、机械制造等重工业。这也表明随后重工企业的股份制改造、重组、兼并活动的频率将加剧，集团化的市场运作趋势将不可阻挡。重工企业集团化和部分非国家核心领域市场开放程度的加大，也就必然要求我们在集团企业管控能力和认识上有所提高，同时结合重工行业自身特点进行集团管控的研究。这也正是本书的出发点所在。

在共性上，首先我们需要了解一般意义上的集团化管控内容，即母公司如何对子公司进行管控操作，以有助于我们对重工企业战略、管控与发展的深入理解。国内有学者将母公司对子公司的管控操作分为如下若干流派：治理派——以美国为首，内部层层委托，外部强有力监控；一体化运营派——全资子公司或模拟法人，内部分工；强势集团派——母公司用交易换取管控；投资组合派——母公司类似基金经理；内部控制派——强调秩序和安全；经理层激励派——用经理层激励化解信息黑洞。

无论哪一流派，华彩认为，对一个重工企业管控的核心解决方案必须结合企业管理的实际情况，灵活运用“治理＋管理＋控制”。一句话，“就是治理加管控，管理加控制”。

治理产权及决策的管理，治理结构，多层次委托，治理的运行与优化，这是治理；管理无外乎就是运作和效率；而控制包括授权体系、流程控制、决策程序、财务内部控制等。参见图1。

同时，对于一个重工集团公司简单化的管控，华彩还认为要抓两头放中间，即母公司抓战略、计划、预算以及抓审计稽核，把中间全部放掉；但是中间放掉的话必须有一些有效的风险控制去把中间控住，而把中间控住的一个重要原则就是分权与分层决策。参见图2。

一个集团就像一个车轮，所属公司就像车轮的辐条，车轮的整体性和辐条的刚性、柔性有机结合，车轮才有可能更好地前进。重工企业集团和所属公司

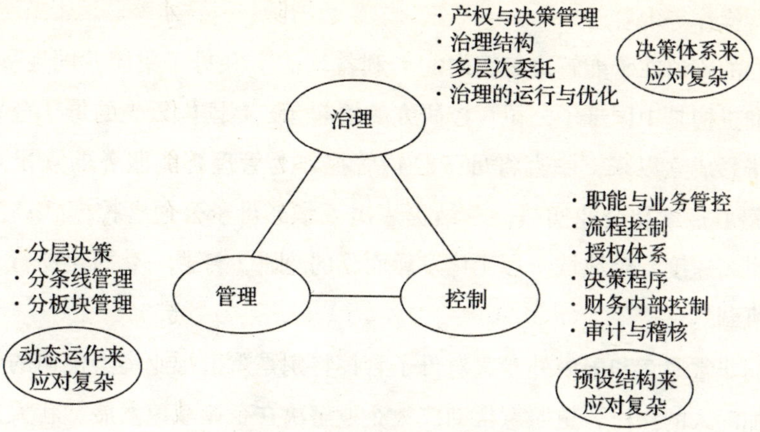

图1　治理+管理+控制

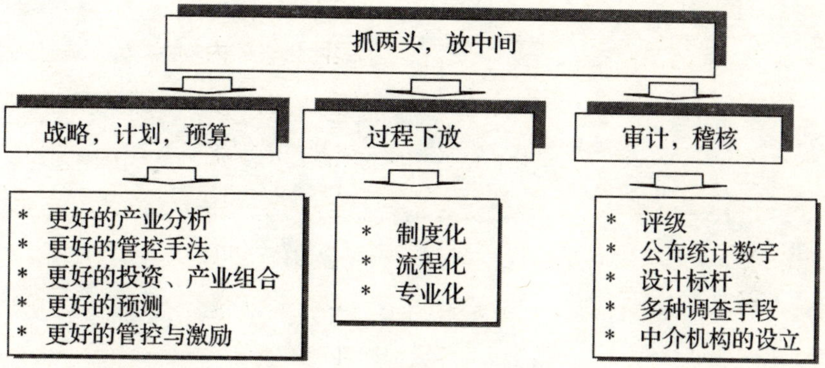

图2　管控的核心原则

各有其优点，只有建立符合自身实际的管控机制，才能充分发挥重工行业的优势，在竞争激烈的民品市场中立于不败之地，集团才有可能更加稳定、快速地前进。

本书共分为五大部分，第一部分主要讲了我国重工企业的发展，分析了重工行业的现状及我国重工集团的市场化进程。第二部分主要讲述国外重工行业的发展，详细剖析了德国、日本以及韩国重工企业的管理管控机制、结构和模式。第三部分从国内和国际形势、行业状况、国家产业政策以及国家相关法律法规等角度，全面分析了我国重工企业在未来发展中面临的机遇和挑战。第四部分主要分析我国重工集团在新时代的发展战略问题。第五部分详细分析了我国集团企业目前的管控现状、存在的问题及如何结合自身实际选择适合重工集团的管控模式、如何运行操作等内容。

管控的价值在于能解决集团内的“利益均沾”和母子集团共同发展的问题。华彩咨询机构是中国母子公司管控研究的发起者，是国内领先的母子公司管控专家。自华彩成立以来，一直将母子公司管控作为管理咨询服务的立足点，经过10年的潜心探索和企业实战，总结提炼出了华彩母子公司管控模式；深入剖析集团公司高速度、跨地域、多元化发展面临的障碍，打造一套简化易行、可复制的管控机制。

我们非常愿意和国内外专家对母子管控特别是重工行业集团公司的管控问题进行更加深入的探讨，更愿意帮助广大企业解决在企业高速发展、壮大过程中遇到的管控问题。

目　录

第一部分　中国重工行业现状

第二部分　世界主要国家地区重工发展分析

第三部分 中国重工行业面临的机遇与挑战

第四部分 中国重工行业的发展战略

第五部分　重工企业管控

第一部分

中国重工行业现状

中国经济经过30年的改革开放和发展，已经出现了一大批具有世界竞争力的大型集团企业，其中的很大一部分是国资委领导下的大型国企，具有垄断性质和国家战略意义，很多正在经历着市场化变革。另外，民营经济中也出现了很多杰出代表，组成集团化企业，参与国际竞争。重工企业集团是其中的重要代表。

相对于轻工业而言，重工业是指为国民经济各部门提供物质技术基础的主要生产资料的工业。中国的重工业包括能源、钢铁、机械和化工业。在1999年，我国的重工业由所有国有企业和工业企业带来的产业增值已经达到11617亿元。在煤炭、石油和电力能源方面，煤炭是主要的能源资源。大型的煤田包括：山西大同煤田、河北开滦煤田、河南平顶山煤田、安徽淮北煤田、山东兖州煤田、江苏徐州煤田、黑龙江鸡西煤田、辽宁铁法煤田等共16个。近年来，随着工业体系的结构调整，煤炭企业的经济快速增长，折射出它们的发展正在趋向集约型，同时，经营的多样化发展十分迅速。2008年中国的重点煤矿企业已经建立起了17000多家多元化经营的企业，产值占全国煤炭产值的一半以上。

中国的石油工业主要分布在黑龙江的大庆油田、辽宁的辽河油田、山东的胜利油田、河北的华北油田和天津的大港油田。近年来，在塔里木、吐鲁番—哈密、准噶尔盆地已经发现了丰富的石油资源储藏。同时，还有大量蕴藏在渤海湾和南海东西海岸的石油天然气资源，是对以上大型陆上石油和天然气资源很好的补充。两个新成立的大型集团——中国石油天然气集团和中国石化集团是中国目前最大的两个石油天然气企业。

中国石化集团的营业收入2007年为1.2万亿美元，在世界500强企业排行榜上排名上升为第17位。

中国的能源工业包括热电、水电和核电工业，发展十分迅速。1990年，中国的安装能力由10000万千瓦发展到20000万千瓦，其产能和安装的能力都已经跃居世界第二位。2007年全国新增发电装机约1亿千瓦，装机总量达到7.13亿千瓦。在中国，有58家大型水力发电站已经完工或正在建设中，其中有19个发电站的安装机组能力超过100万千瓦。二滩、小浪底和长江三峡库区水力发电站，以及连云港和岭澳核电工程项目都已完工并投入使用。浙江秦山核电站和广东大亚湾核电厂也已经完成。在建的项目还有：山东海阳核电站2006年年底开工，规划容量为600万千瓦级核电机组，并留有扩建条件，拟于2010年开始发电；广东阳江核电站2005年年底破土动工，计划总投资80亿美元，建成6台百万千瓦机组，成为继秦山一期、秦山二期、秦山三期、大亚湾、岭澳之后第6个并网发电的核电站。2007年中国的核能发电不到700万千瓦，中国的计划是到2020年发展到4000万千瓦。目前，我国电网已经能够涵盖所有的城市和大部分农村地区。

大型钢铁企业主要分布在鞍山、太原、包头、北京、上海、天津、武汉和攀枝花市。中国目前有77家大中型钢铁企业，其中上海宝山钢铁集团是我国最大的钢铁企业集团，其使用先进技术，改进生产设备，从而能够生产许多类型的高钢级，如冷轧钢板、冷轧硅钢片、镀锌钢板和钢管等。现在，中国有能力生产1400品种、20000种规格以上的钢材制品。此外，中国在轧制钢材上已经可以自给自足，自给率达到90%以上。由于国内需求的旺盛，近年来钢铁行业发展迅速，产能迅速扩张。2005年，国家发改委曾经提出控制在4亿吨左右，拟淘汰1亿吨落后炼铁生产能力、5500万吨落后炼钢生产能力，而实际上2006年中国钢铁产能超过4亿吨规模。

中国的机械制造工业包括：农业机械、工程机械、仪器仪表、通用机械、重型矿山机械、机床、电气工程设备、轴承、掌握工具、食品包装机械和汽车。通过引进、消化和吸收高新技术，代表今天先进工业发展水平的一批顶尖的科技产业得到迅速发展，并已初步形成生产规模。例如，在汽车行业，长春第一汽车集团和上海汽车工业集团引入德国的大众汽车公司的生产技术生产轿车。机械工业能提供其他行业所需的成套高层次的设备，包括大型高炉、大型板坯和方坯连铸机、发电机、电力、煤炭、采矿设备、石油勘探设备、石油冶炼、炼油植物、化工厂、浮法玻璃生产线和其他成套设备。

中国的化工行业包括化学提取和生产化肥、农药、基本无机原料、基本有机化工原料、合成纤维单体、合成橡胶、感光材料、橡胶制品、塑胶制品、石油化工、化学品、用于家庭使用的药品等超过40000个品种。目前中国在10多个品种的化学品出口上处于世界领先地位，如合成氨、化肥、硫酸、纯碱和橡胶轮胎。上海、北京、天津、大连和沈阳是中国最重要的化学工业基地。中国不但在化工产品上满足自给自足，同时出口到100多个国家和地区。

我国的工业基地主要按照区域分为四个板块：

一、京津唐工业基地

1. 范围：以北京、天津、唐山为中心的综合性工业基地。

2. 特点：轻重工业都较发达的综合性工业基地，有钢铁、化工、机械、轻纺等工业。

3. 发展工业的优势：

(1) 丰富的煤（开滦）、铁（迁安）、石油（天津大港油田、华北油田）、海盐（长芦：地势平坦，广阔的海滩，晴天多，有利于水分蒸发）等资源。

(2) 统一的电网，便利的铁路、公路和近海运输，紧靠山西能源基地，并有输油管道联结东北、华北的油田，能源输出港——秦皇岛、天津——出口港。

4. 不利条件：淡水资源短缺。

5. 发展前景：钢铁、石油化工、电子、高档轻纺和精细化工方面。

二、沪宁杭工业基地

1. 范围：以上海为中心，包括苏州、无锡、常州、杭州、南京等（开放城市：上海、宁波、南京）。

2. 特点：我国规模最大、结构最完整、技术水平和效益最高的综合性大型基地，工业结构以轻型及精密机械、轻纺、电子、化工等工业最为突出。

3. 发展工业的优势：

（1）地理位置：腹地宽广，沿海南北海运的中点，长江入海口，是长江流域广大地区进出海洋的门户。

（2）运输条件：京沪、沪杭线在此交会，长江航运和海运方便，交通便捷。

（3）自然条件：地势低平，亚热带季风气候，热量充足，降水充沛，地处沿海。

（4）科技条件：教育比较发达，科技力量雄厚。

（5）人口与劳动力：人口稠密，劳动力素质好，有较强的经营管理理念和经济活动能力。

4. 不利条件：能源和矿产资源缺乏。

5. 发展前景：使结构轻型化，实行内联外引，开拓国际市场，发展高精尖工业。

三、辽中南重工业基地

1. 范围：以沈阳（机械）和大连（造船和石油加工业）为中心，包括鞍山（钢铁）、本溪（钢铁）、抚顺（煤）、辽阳（化纤）等。

2. 特点：我国最老的重工业基地，有钢铁、造船、化工、纺织等工业。

3. 发展工业的优势：煤、铁、石油资源丰富，交通便利。

4. 不足：能源和淡水不足。

5. 发展方向：更新设备，提高产品质量，适当限制耗能大、当地缺乏原料的工业。

四、珠江三角洲轻工业基地

1. 范围：以广州、深圳、珠海为中心，包括珠江三角洲经济开放区各城镇。

2. 特点：我国南部重要的轻工业基地，主要有家电、食品、服装、玩具制造业。

3. 优势：

（1）农产品资源丰富。

（2）背靠祖国内地，靠近我国香港、东南亚，侨乡为利用外资发展本区工业提供了有利条件。

（3）劳动力资源丰富。

4. 不足：资源缺乏。

5. 发展前景：大力引进外资及先进技术和管理方法，发展出口为主的加工业和制造业，形成以轻工业为主的综合工业基地。

第一章

中国重工行业的发展

第一节　中国重工企业的发展历史

一、中国重工业的奠基人——张之洞

在我国重工业的发展历史上，毛泽东曾明确指出，有“四个不能忘记的实业界人士”，他们是搞重工业的张之洞、搞化学工业的范旭东、搞交通运输业的卢作孚和搞纺织业的张謇。张之洞对中国重工业作出了哪些贡献？为什么称其为中国重工业的奠基人？

张之洞（1837～1909年），字孝达，号香涛，谥文襄。直隶南皮县人。出生于封建官僚家庭。“少有大略，务博览为辞章，记颂绝人。”1884年，升任两广总督，起用退休老将冯子材，击败法军，被誉为抵御外来侵略中运筹帷幄的“张香帅”。但是，张之洞在晚清时期之所以引人注目、耸动朝野视听，更主要在于他是洋务运动后期崛起的重要洋务派代表人物，是中国近代史上举办近代企业最多、最持久的洋务人物，是同李鸿章齐名甚至有过之而无不及的洋务派首领。

19世纪下半叶，清政府发展近代军事工业，以图“自强”，制枪炮、造战舰，大量输入西方国家生产的钢铁。1867年进口钢11万担（约8250吨），1891年增加到173万担（约13万吨），进口钢占据了中国的市场，中国传统的冶铁业难以生产。在这种情况下，张之洞为了摆脱列强对我国钢铁的封锁和控制，为了抵御列强的经济侵略，也为了解决军备和民用工业对钢铁的需求，于1889年调

任湖广总督后便主持兴建湖北汉阳铁厂和大冶铁矿等重型企业。

汉阳铁厂于1894年建成投产、开炉炼钢。炼铁厂共有铸铁厂、打铁厂、机器厂、造钢轨厂和炼熟铁厂等6个大厂、4个小厂、两座钢炉，工人3000人，外国技师40人。这是我国第一个近代大型钢铁工厂。炼铁需要铁砂和煤等原料和燃料，于是张之洞又派德国技师在大冶附近勘察，发现此处铁矿蕴藏丰富，从而又兴建了中国第一个用近代技术开采的露天铁矿——大冶铁矿。虽有了丰富的铁矿，但没有煤也炼不出铁。为解决此问题，张之洞先后下令开发大冶三石煤矿、道士茯湫煤矿、江夏马鞍山煤矿和江西萍乡煤矿。这样，就以炼铁厂为中心，兼采铁、采煤和炼钢为一体，创建了我国近代第一个、也是远东第一座钢铁联合企业。它的建成标志着中国近代钢铁工业的兴起，为我国重工业开创了先河。除此之外，张之洞还创建了我国首家系统完备的军工厂——汉阳兵工厂，“汉阳造”从此闻名天下，在中国近代军事建设以及国防中起到了重要作用。所以，毛泽东就谈道，举办重工业不能忘记张之洞。

张之洞创建中国重工业，一度轰轰烈烈，但最终却因经费不足、管理不善、错误选择厂址等种种原因而失败。究其内因是他只是将西方的技术之花嫁接到封建制度之木上，得到的只能是枯萎的果实。封建制度日暮西山之势是任何人都无法挽回的。在中国，只有像孙中山先生提出的那样打破封建专制主义的桎梏，才有可能实现真正的工业化。

但是，我们需看到，尽管张之洞的振兴实业、创建重型企业是为了维护清政府的统治，但他毕竟奠定了中国重工业的基础，开创了中国工业，特别是重工业的先河。这既在一定程度上抵制了列强的经济侵略，也促进了中国近代工业的发展，特别是对重工业的发展起到了不可估量的推动作用。我们可以认定，张之洞是中国重工业的奠基人。

二、新中国初期毛泽东关于重工业的论述

1956年4月25日，毛泽东同志《论十大关系》中提到了重工业、轻工业和农业三者之间的关系。这是我国较早的关于三种关系及其发展的论述。新中国初期国家百废待兴，当时最迫切的是优先发展农业。但是面对复杂的政治环境，重工业的发展刻不容缓。正是在这样的背景下，毛泽东提出了关于重工业、农业、

轻工业之间关系权衡的论述。其中的部分原文内容引用如下：

“重工业是我国建设的重点。必须优先发展生产资料的生产，这是已经定了的。但是决不可因此忽视生活资料尤其是粮食的生产。如果没有足够的粮食和其他生活必需品，首先就不能养活工人，还谈发展什么重工业？所以，重工业和轻工业、农业的关系，必须处理好。在处理重工业和轻工业、农业的关系上，我们没有犯原则性的错误。我们比苏联和一些东欧国家做的好些。像苏联的粮食产量长期达不到革命前最高水平的问题，像一些东欧国家由于轻重工业发展太不平衡而产生的严重问题，我们这里是不存在的。他们片面地注重重工业，忽视农业和轻工业，因而市场上的货物不够，货币不稳定。我们对于农业、轻工业是比较注重的。我们一直抓了农业，发展了农业，相当地保证了发展工业所需要的粮食和原料。我们的民生日用商品比较丰富，物价和货币是稳定的。

我们现在的问题，就是还要适当地调整重工业和农业、轻工业的投资比例，更多地发展农业、轻工业。这样，重工业是不是不为主了？它还是为主，还是投资的重点。但是，农业、轻工业的比例要加重一点。

加重的结果怎么样？加重的结果：一可以更好地供给人民生活的需要；二可以更快地增加资金的积累，因而可以更多更好地发展重工业。重工业也可以积累，但是在我们现在的经济条件下，轻工业、农业积累得更多更快些。

这里就发生一个问题，你对发展重工业究竟是真想还是假想，想得厉害一点，还是差一点？你如果是假想，或者想得差一点，那就打击农业、轻工业，对它们少投点资。你如果是真想，或者想得厉害，那你就要注重农业、轻工业，使粮食和轻工业原料更多些，积累更多些，投到重工业方面的资金将来也会更多些。

我们现在发展重工业可以有两种办法，一种是少发展一些农业、轻工业，一种是多发展一些农业、轻工业。从长远观点来看，前一种办法会使重工业发展得少些和慢些，至少基础不那么稳固，几十年后算总账是划不来的。后一种办法会使重工业发展得多些和快些，而且由于保障了人民生活的需要，会使它发展的基础更加稳固。”

三、新中国至20世纪末：东北老重工业基地的兴衰

新中国成立后，中央确立了把东北建设成重工业基地的重大产业决策。东

北，这片白山黑水间丰饶的土地，一时间成为中国工业化进程推进最快的地区。有分析指出，新中国选择东北作为重工业发展基地，除了比邻苏联的政治考虑，东北原有的工业基础、丰富的自然资源、发达的铁路运输以及有利的周边贸易环境都促成了重工业中心的诞生。

更具决定性意义的是，中央政府利用集权体制的行政命令，调集全国力量支援东北建设。苏联援建我国的156个项目，其中不少就建在东北，如鞍山钢铁公司、长春第一汽车制造厂、哈尔滨汽轮机厂等。

直到20世纪90年代前，东北一直执中国重工业之牛耳，中国的汽车船舶制造、钢铁生产、工业重型装备制造等的相当部分都在东北地区。应该说，东北的确曾经有"共和国装备部"的辉煌。

然而，东北重工业基地的建成主要不是市场经济自然发展的结果，不是民间资本向高效益地区流动的结果，而是不计成本的中央计划的产物。

进入20世纪末，东北10年经济发展陷入一种停止甚至衰退的边缘。到1990年，黑龙江、辽宁、吉林三省工业增长率分别为倒数全国第二、第四和第五，经济效益也处于落后地位。机制僵化、资源优势丧失、职工大面积下岗等问题困扰着这片黑土地。这或许是当年的建设者所无法预见的。

一个经济中心形成后，自我强化和走向衰落的两种命运都可能存在。一旦技术和市场条件发生变化，该经济中心走向衰弱就无可挽回。时至今日，市场导向已居主导地位，继续靠非经济手段支撑东北的发展，其成本也就会越来越高，不仅到头来难以为继，而且还会使得最终的补救成本更为高昂。

中国的工业发展一直寄托了太多的强国梦想，而强烈"赶超意识"往往转化成"大跃进"式的冒进行为。其突出表现为，政府以计划代替市场进行产业布局。这一思路从建设东北、"三线"建设，一直持续到20世纪70年代末的"洋跃进"。

随着中苏关系恶化，政府提出了所谓支援"三线"建设计划，大量工业项目，包括重工业，由沿海向中西部地区大规模转移，造成巨大的浪费。尽管内地的投资比重因此大幅度提高，但工业产值占全国的比重并没有相应提高。对于中国这样一个大国，片面强调区域经济的均衡发展，人为缩小地区差异，只能是一相情愿。

“这也是中国重工业布局中出现点状布局的原因。”周勤指出，“这一点在大西南、大西北表现得很突出。产业积聚效应很差，并且政府主导一切，效率缺失，实属必然。”

十堰，地处秦巴山区腹地，靠近神农架自然保护区。之所以叫十堰，是因为当地把小山包叫做堰，而这里有10个小山包，故得此名。原第二汽车制造厂就是于1969年落脚在这片长32公里、宽8.5公里的20多条山沟里的。原先这里没有机场，也不通高速公路，进出的主要交通工具是火车，坐火车由武汉至十堰最长需要10多个小时。很显然，任何一个面向市场的企业都不会选择在这里布局。

随着1978年农村经济改革基本解决中国人吃饭问题后，优先开放沿海城市、加入国际大循环显得刻不容缓。经济特区的设立，宣布中国开始踏实地实施非平衡发展战略。由南到北，沿海地区此时发生着深刻的变化，一直被忽视的轻工、家电等消费类工业得到了补偿性高速增长。“广货”一时间畅销全国，一举把口碑很好的“上海货”拉下马。到了20世纪90年代，随着经济的全面开放，各大区域的发展在“区域比较利益”的基础上，呈现出多产业、多区位发展态势。其中珠三角、长三角、环渤海等沿海地区成为中国最活跃的经济板块。浙江义乌的小商品、广东顺德的家电、福建晋江的鞋等，这些扎堆出现的生产基地真正形成了经济学家所说的产业集群。

目前，这种产业集群正向重化工演进，新型重化工基地已经出现向东部沿海积聚的苗头，甚至一向重工业薄弱的珠三角也表现出产业重型化的趋势。而这一次，政府似乎刻意淡出，市场的作用已经大大加强。

四、新世纪现状：重工将是工业发展主流

“今后二三十年的时间里，我们国家工业发展的主流将是重工业。”在2007年举行的康奈国际化战略与中国企业的机遇和挑战论坛上，博鳌亚洲论坛秘书长龙永图接受专访时说。

从发达国家工业化进程的历史经验中我们可以看到，重工业化是工业化进入中后期阶段工业内部结构演变的一般规律。工业化进行到一定阶段后，消费结构升级，对重工产品的需求越来越大，同时技术进步和资本积累使得发展重工产品

工业的供给条件越来越好。

从国内环境看，改革开放后我国经济逐步走上了市场经济的轨道。在这种新的体制背景下，过去20年我国的轻工业得到了长足发展，人民生活水平逐步提高，消费结构不断升级。最近几年来，我国的工业结构开始发生重大变化，重工业比重明显上升，汽车、钢铁、机械等制造业和房地产、煤炭、电力等制造业产业高速发展；同时，由于重工业化时期，汽车、钢铁、机械等制造业的高速发展，往往伴随着能源工业（如电力、煤炭等）、原材料工业（如矿石等）、基础工业（如交通、通信等）的相应发展。

从国际环境上看，国际产业特别是资本品制造业开始较大规模地向中国转移，中国正在迈向新一阶段的“世界制造业基地”，这也反映出中国工业化正在步入重工业化时期。20世纪80年代以来，国际生产要素和产业不断向中国转移，在轻工业大发展的时期主要表现为消费品工业的转移，这一时期我国的服装、玩具等轻工业迅速发展。而近年来随着中国消费结构的升级和重工业的快速发展，国际资本品制造业开始大规模向中国转移，最典型的表现是世界各大汽车企业纷纷进入中国；同时，伴随国际贸易量的激增和技术水平的提升，中国的钢铁、机械、造船等重工业也快速发展起来。

第二节　中国重工企业的特征

伴随我国重工企业的快速发展，我们有必要先了解它的一些特征。我国的重工业大多是在国家相关政策的引导和大的布局下发展，相比国际环境，国内的成本优势助推了重工行业的快速发展。

一、国家主导性质

近年来，随着产业结构调整和国家宏观调控，出现了许多集团化大型企业，集团化的趋势日趋明显，为我国重工企业的进一步国际化战略打下基础。下一步面临的是进一步强化我国重工业。重工业是一切工业的基础，不论是对国力的增强，还是真正国家技术水平的提升。要拥有强大的军事制造力量，首先要有先进强大的重工业作基础支撑。轻工业品大多指与生活相关的产品。生产轻工业品的机械设备由重工业提供，重工业发达会促进轻工业的生产效率、质量、品种发展提升。重工业的发展将成为我国下一阶段飞越的重要内容之一。

重工业是一切工业的基础，就像百层大楼，要有深厚结实的地基作支撑才能稳稳站立。轻工业的使用设备由重工业制造，先进的军事武器由重工业制造，因此，重工业强大，其他工业才能真正强大。重工企业在一个国家的经济体系中占有非常大的比重，是轻工业、农业得以发展的技术物质基础，是国防军事发展的重要保障。由于其行业的特殊性，对国家而言也有特别的战略意义。由于我国的社会性质，改革开放前的重工企业全部是国有性质。随着改革开放的深入，重工行业市场化的步伐越走越快，民营重工企业也发展迅速。近几年，中国的机械、船舶等重工业得到了长远发展，也出现了一些世界级别的一流企业。但是由于重工业的重要战略意义，尤其是在军工领域、重要的制造领域，虽然市场化，但主要仍然是在国家的宏观指导之下，一些重工企业仍然具有国家垄断性质。

二、成本优势

对于中国的重工业来说，劳动力成本优势依然存在。举例来说，在造船领域，随着制造中心的转移，我国正逐步发展成为最大的远洋船舶制造基地，从铁矿石、钢板到整船，中国创造的价值大约占最终产品价值的3/4。而且比国内附加值高份额更重要的是，重工业工人的工资往往能达到轻工业的两倍。在德国、日本、韩国这样的国家中，重工业工人的工资已达到中国的7～20倍，所以成本优势依然在相当一段时间内存在。

但是近两年，由于通货膨胀和人民币升值，中国制造业的成本正在上升，成本优势受到了一定的挑战。目前，人民币兑美元名义汇率大约以每年7%的速度升值，包括4%的名义汇率升值和3%的通货膨胀。这一趋势可能导致：第一，出口价格上升（贸易条件改善）；第二，劳动生产率更高（进一步降低成本的潜力）；第三，经济增长减速。前两者在中国出现的可能性比较大。第三种情况通常是不受欢迎的，但在经济出现过热时也不是一件坏事。

最近几年里，中国面临的贸易条件颇为不利。原材料进口占中国总进口额的近1/3，而CRB指数（美国商品研究局指数）几乎比2002年年底翻了一番。出口价格方面，美国的进口统计数据显示，中国出口商品价格仅有轻微上涨，然而相对于过去几年价格节节下跌的情况，这已有里程碑式的意义。这种初显的出口价格上涨趋势，可能会在未来一段时间中加强。

面对成本优势和近来出现的挑战，我们的企业更应该清醒地认识到这样的成本优势势必是暂时的，需要在积累成本优势的基础上加快产业升级以及技术能力的开发和进行集约化、现代化管理以控制成本，从而具备真正意义上的核心竞争力。

三、集团化趋势管理

近年来，国有资产管理体制改革取得重大突破，国有经济布局和结构调整取得重要进展，国有企业改革不断深化，经济效益显著提高，对完善社会主义市场经济体制、促进国民经济持续快速健康发展发挥了重要作用。但从整体上看，国有经济分布仍然过宽，产业布局和企业组织结构不尽合理，一些企业主业不够突出，核心竞争力不强。因此，实行国有资本调整和国有企业重组，完善国有资本有进有退、合理流动的机制，是经济体制改革的一项重大任务。

通过进一步推进国有资本向关系国家安全和国民经济命脉的重要行业和关键领域集中，加快形成一批拥有自主知识产权和知名品牌、国际竞争力较强的优势企业；加快国有大型企业股份制改革，完善公司法人治理结构，大力发展国有资本、集体资本和非公有资本等参股的混合所有制经济，实现投资主体多元化，使股份制成为公有制的主要实现形式。

随着我国经济快速发展，许多国有重工企业陆续通过重组合并、优势互补形成了大型集团化重工企业，在资源整合的基础上应对日益激烈的国际化竞争和国内同行业竞争。但在管理水平上还比较落后，尤其在集团企业管理上还不完善，集团化管理面临迫切需要。但是在集团化管理中，如何有效分配集团与下属企业的权力，如何对下属单位进行有效考核，如何平衡集团利益与下属单位利益等，成为我国众多集团化企业面临的问题。本书后面将有专门的内容介绍如何进行集团型企业的管理、控制和治理。

第二章

中国重工行业市场化分析

第一节　中国重工行业市场化发展过程

一、毛泽东时代：强敌环伺下的重工之路

无论旧中国遗留的基础多么差，抱怨终归没有半点用处，新的共产党政权必须在这个破败的基础上建立新的社会。不过，在20世纪50年代，其实包括毛泽东在内的共产党人并没有清晰地认识到工业社会的发展规律，促使他们走上建设独立工业体系之路的原因来自内外多个方面。

从大国的长期战略来看，只有建立一个强大、完整、通用化的重工业体系，并建立与之相配合的社会体制，才有可能为一支现代军队提供装备和人力。新政权的领导人大多经历了几十年的战争，一直和拥有优势装备的敌人作战，对重工业与军工水平之间关系的认识可谓刻骨铭心，一旦掌握政权，自然倾向于发展重工业。

自清朝以来，中国一直不能解决人口过剩、自然资源相对短缺的问题。到了1949年，土地开垦和前工业时代的单产都已经接近极限，人均资源远低于世界平均值，无法通过卖资源、粗放经营耕地等方式提高人均生活水平。从军阀混战、土匪横行等现象看来，当时的中国已经进入马尔萨斯式的动荡时期。正如1949年艾奇逊指出的："中国人口在十八、十九两个世纪里增加了一倍，因此土地受到了不堪负重的压力。人民的吃饭问题是每个中国政府必然碰到的第一个问

题。一直到现在，没有一个政府使这个问题得到解决。”当时的中国如果不能通过工业化的方式来创造更多的财富，在一个劳动力相对过剩的世界上，无论是援助还是贸易都无法解决中国人未来的吃饭问题。

在20世纪50年代初，没有什么清晰的理论给新中国的领导人指出工业化的道路（其他第三世界国家也一样）。当然，马克思主义提倡计划经济，但形成于一个世纪以前的马克思主义其实并不能从技术层面将工业革命之后的经济规律阐述清楚，更没有给出具体的实施方案。即便是已经实现了初步工业化的苏联人，也没有理性、量化地认识到自己现存体制的优点和缺点，还在半盲目地用试错法摸索经济规律。同时，新中国的领导人大多数出身农民或旧官僚，对现代工业社会的力量只有很模糊的间接了解。在这种情况下，共产党高层领导选择了基本正确的工业化路线，高效率地利用了仅有的少数既有资源和援助物资，用了20年左右的时间就建立了较为完整的重工业体系，使残破不堪的国家在第三世界国家中脱颖而出。除了上面所说的两个原因外，我们也许可以将最终动机归结为领导人的直觉。以毛泽东为代表的共产党高层自20世纪20年代以来经历了无数次政治、军事、经济斗争，与内外敌友周旋数十年，积累了丰富的经验，一旦接手国家政权，虽然事出仓促，在细节上不免出错，但当他们面对不熟悉的工业时代时，在战略方向的选择上却出奇地准确。

苏联、中国和日本尝试了在西方重工业体系处于垄断地位时建立民族重工业体系。苏联的问题在于：重工业体系发达后，没有及时放开下游产业，尤其是没有通过贸易让其他国家为本国提供消费品。没有使潜在的能力充分转化为现实的消费水平，导致后来彻底否定自己的工业革命。中国在重工业体系还没有完全扩张的情况下就全面开放了市场，使民族重工业体系在全球自由贸易中处于劣势。而日本人坚定不移的信念是“重工沉没日本沉没”。于是，三国走上了不同的发展道路。

二、我国重工行业竞争升级，民营企业异军突起

近年来，我国重工行业呈现快速发展势头。2003年工程机械行业实现销售收入770亿元，比上年增长16.7%；实现利润46亿元，比上年增长12.2%。这种繁荣也使重工行业成为证券市场上的一个热门板块。

目前，在国内重型工程机械市场活跃着三股势力：以卡特比勒、沃尔沃、宝马等为代表的国际重工巨头，它们凭借强大的资金和技术实力，曾一度垄断中国市场；以徐工科技等为代表的国有重工企业，挟政策支持和企业改革的强势，在资金和规模上逐步具备了争雄市场的实力；以三一重工为代表的民营重工企业，则以体制优势、追求品质和服务竞争力的强烈意识，显示出强大的后发优势。

重工行业的产品大都是些“大家伙”，国内弄潮这一行业的也都是大型国有企业。而三一重工却以民营企业的身份跻身这个群雄纷争的市场，并在短短10年间成长为影响市场的重要力量。

10年前，我国重工机械市场基本上是洋品牌一统天下。10年间，国内重工企业已在一些重要应用领域建立了部分优势，其中民营企业在诸多方面都成为“急先锋”。比如，三一重工的混凝土输送泵车从1999年上市以来，销量迅速上升，2000年首次夺得国内市场占有率第一，并保持至今；三一重工研制的18吨全液压振动压路机市场占有率达到27%，居行业同类产品第一位；2003年9月，三一重工研制成功SY5500THB－56混凝土泵车，成为国内最大的混凝土输送泵车，也是国内首台臂长超过50米的泵车，填补了国内空白。

三、竞争升级迎来“巅峰抗衡”

作为一个热点行业，重工行业的竞争正在进一步加剧。市场分析家预计，受水利、交通、城市设施等众多大型工程建设的强力推动，我国重型工程机械行业仍将有一个稳健发展的大好时期。仅仅2005年，建设市场对自卸车、推土机、装载机、工程起重机、叉车、筑路机械、凿岩机械、挖掘机械、混凝土泵车、搅拌车等主要机种的年需要量约在16万台以上。

三一集团副总裁贺东东认为，受国内经济持续稳定增长的推动，今后两年国家重大基础设施项目投资有增无减。特别是北京申办2008年奥运会和上海申办2010年世博会均获成功，其他很多城市也提出了新的规划和建设目标，我国城市建设进入快速发展时期。与工程建设密切相关的重型工程机械行业，也将保持快速增长的市场前景。随着竞争的加剧，行业的整合和集中化趋势将逐渐显现。

面对这种形势，国际重工巨头正在积极调整策略，在技术和资金上向中国市场倾斜；以徐工科技为代表的大型国企和以三一重工为代表的民营企业，也在积极寻找新的市场机会和营销方法，以保持并扩大竞争优势；其他一些新兴企业也在市场的诱惑下纷纷登台竞技，国内重工行业的竞争变得越来越激烈。

四、未来市场：将服务的内涵延伸到为客户提供整体解决方案

工程机械使用的环境比较恶劣，客户对产品的可靠性、易维护性要求很高，非常看重厂商能否提供及时、高效的服务。而要想领先，厂商还要将服务的内涵延伸到为客户提供整体解决方案，以满足客户全方位的服务需求。

行业专家说，中国重工企业未来决胜市场凭的是综合实力，其关键因素包括：品质、服务、速度和持续发展力。其中，品质是建立竞争优势的基石，服务是支持竞争优势的支柱，速度是保持竞争优势的能力，持续发展力将赢得客户长久的信赖。

贺东东说，我国重工行业的产品更新换代速度正在加快，它要求厂商能够根据市场需求快速作出反应，以强大的研发力量保证技术上的领先，以灵活的企业机制确保产品策略的适时贯彻、实施。

据记者了解，目前三一重工正在运用“混凝土整体解决方案”和“黑色路面解决方案”使客户的个性化需求得到满足，并使维护效率大大提高，而成本却降低很多。

贺东东认为，随着国内重工行业的竞争趋于白热化，只有具备综合实力的本土企业，才能抗衡国外巨头并取得竞争优势，而整个国内重工行业的整合和集中趋势也会在国内市场日益显现。

第二节　中国重工行业市场化现状分析

一、船舶制造：行业景气高峰将持续

世界造船中心从先行工业化国家逐步向后起工业化国家转移，从劳动力高成本国家逐步向低成本国家转移，是世界造船业发展的一条基本规律。

近几年，我国造船业产量年均增长率高达40%以上。2003年，中国船舶行

业造船完工605万吨，同比增长45%；承接新船订单接近1800万吨，超过前两年的总和。到2005年，造船完工量1212万吨，承接新船订单1699万吨，手持船舶订单达到3969万吨。

2006年，我国造船企业承接新船订单1608万吨，同比增长113%，首次超过日本，位居世界第二；手持订单已达5092万吨，完成这些订单的工期一直排到2008年。我国造船业占世界市场份额已从最初的3%上升至20%，显示出世界造船中心正在向中国转移。

2007年国务院审议并原则通过《船舶工业中长期发展规划（2006—2015)》。按照《船舶工业中长期发展规划（2006—2015)》的总体目标，到2010年，我国自主开发、建造的主流船型将实现标准化、品牌化，具备自主设计高新技术船舶与海洋工程装备能力，突破大功率船用主机等配套产品产能不足、自主开发能力不强的瓶颈，主流船型本土化配套设备装船率达到60%，造船产量占世界份额达到25%以上。到达2020年前后，整体技术水平和自主创新能力进入国际前列，成为世界造船强国。

“十一五”期间，我国将大力发展民用船舶，做大做强船舶工业。建设环渤海、长江口及珠江口三大造船基地，提高产业集群度。未来上海地区将成为世界最大的造船基地和我国最大的海军装备建设基地，广州地区将成为我国华南地区最大的造、修船基地。目前上述基地的建设工程正在展开。

整个船舶业的市场化分析情况如下：

1. 我国船舶工业发展势头强劲

2007年前三季度，我国船舶工业继续保持快速增长，各项指标再创历史新高。得益于毛利率的提高以及生产效率的大幅提升，我国船舶行业利润继续呈现爆发性增长。根据国家统计局数据，2007年1~8月船舶及浮动装置制造981家企业共实现销售收入155.45亿元，同比增长57.87%；实现利润总额110.49亿元，同比增长124.83%。

2. 未来几年国际造船业仍将处于高景气期

据克拉克松研究所统计，2007年1~9月世界新船累计成交量达2993艘/17840万载重吨，已经突破2006年全年创出的历史最高纪录1.67亿载吨，远高于年初预期。

从当前国际造船形势来看，国际经济贸易持续快速发展，航运市场持续走强，造船市场将进一步兴旺，预计造船行业的景气将至少持续到2010年。其中，散货船成交量大幅增长，有力地支持了国际造船市场兴旺势头的延续，是行业景气高峰持续的最重要支撑因素。

3. 国际船舶制造业向我国转移趋势显著

我国船舶制造业无论是绝对值指标还是相对值指标都在逐年提升。2006年我国新船完工量超过1452万载重吨，是2000年的近6倍，稳居世界第三位，与日、韩两大国际船舶巨擘的差距逐年缩小；占世界新船总完工量的比重也逐年提升，由2000年的5.46%上升到了2006年的19.52%；到2010年，我国新船完工量将占到世界份额的25%。船舶制造业属于劳动密集、资本密集和技术密集型产业，鉴于我国在船舶制造成本、海岸资源上的比较优势，以及船舶制造技术的明显提升，中国船舶制造占世界份额还会提升，国际船舶制造产业向我国转移的趋势仍将继续。

4. 产能过剩，危机初显

《船舶工业中长期发展规划（2006—2015）》中明确规划，到2010年，我国年造船能力达到2300万载重吨，年产量1700万载重吨。而国内目前在建和拟建造船项目如全部达产，2010年造船产能将达5000万载重吨以上，产能过剩危机已经显现。而且需要注意的是，现阶段我国造船产能增长很大程度上是低水平造船产能的扩张。随着产业规模不断扩大、上游钢原材料价格上涨、市场周期性波动和人民币汇率升值等潜在风险的增加，低水平造船产能将大大减弱我国造船业未来抵御风险的能力。

二、机械制造行业：需求放缓，积极参与国际化

经过“十五”规划的顺利完成，我国工程机械行业迅速发展。

1. 机械制造行业结构调整

（1）产品结构调整，优势产品得到强劲发展。其中，装载机、推土机、平地机、压路机、汽车起重机、塔式起重机、内燃叉车、混凝土机械、建筑装修机械、摊铺机等主导产品，牢牢控制了国内市场，而且出口量逐年上升。大型施工机械通过国内外技术合作和自主开发相结合，得到了发展，填补了国内空白。大

型商品混凝土成套设备、旋挖钻机、大型架桥机与箱型混凝土梁转运车、80吨以上大型轮式起重机、集装箱正面吊、盾构机、大型缆索起重机、摊铺机、铣刨机等产品，填补了国内空白。支持三农经济发展，实用廉价的中小型工程机械发展迅速。其中有：挖掘机、铲装机、开沟机、多功能钻机、多功能抓装起重机、植树造林简易园林机械等产品。

（2）技术结构调整，新产品技术开发有了大幅度提高。CAE模拟仿真和模块化设计在多个大型企业全面开展运用。产品设计与数据管理实施了计算机化，部分企业形成了CAD/CAM、CAPP、PDM的产品设计与生产管理的完整体系。新产品开发速度加快，每年有近百种新产品进入市场，其中50%以上是采用信息化控制的机电液一体化产品。

（3）企业改革与结构调整。企业办社会的现象被剥离，员工实施了社会三保险；企业内部引入了竞争、激励、创新机制，裁减了冗员，提高了效率；企业市场销售服务体系全面得到完善和加强，代理机制不断发展；企业结构向生产专业化、装备现代化方向大大迈进了一步。

（4）行业结构：生产集中度进一步提高。

2. “十五”期间行业发展特征

（1）6种热点产品产量增长突出，与其他产品形成了明显反差。其中增长：液压挖掘机449%，装载机415%，摊铺机255%，汽车起重机308%，商品混凝土机械439%，叉车225%，其他产品88%。

（2）国内市场国际化发展迅速，已成为国际化市场。进口额由1999年的14.6亿美元增长到2004年的36.43亿美元；外商在华投资由1999年的48亿元至2004年的220亿元，增长358%。

（3）国际化合作生产方式加快，国际跨国公司将工程机械产品制造业逐步向中国转移。

（4）配套零部件国际化采购量大幅上升，由1999年的5.6亿美元上升到2004年的10.84亿美元，折合人民币110亿元。

（5）个人资本、外商资本、法人资本大幅度上升，已占行业的54%。

第三节 中国重工行业企业管理模式分析

新中国成立后经过3年的恢复时期，到1952年，工业生产基本恢复到了旧中国的最高水平。从1953年开始进行有计划的经济建设，其间虽然经历了一些曲折，但是工业建设的成就还是巨大的。在中国已经形成了具有一定技术水平、部门比较齐全的、独立的工业体系，能够为中国未来经济的发展提供相当的物质技术基础。此时基本上都是由国家所有的管理模式，统一在计划经济下运作，基本满足自给自足的需要。

随着改革开放的进行和对外接触的不断开放，到1990年年底，全国已有工业企业177.3万个（不含村办工业企业），工业固定资产原值达14389.96亿元，比1952年扩大了77倍。1990年工业总产值达到23924.36亿元，比1950年增长了124倍。1952～1990年，工业总产值平均每年增长速度达到11.6%。工业内部各行业的生产能力有了大幅度的提高，不仅大大加强了煤炭、钢铁、发电、石油、纺织等传统部门，而且新建了汽车、飞机、航天、原子能、电子工业等新兴部门。此外，在消费品工业方面，逐步发展了电冰箱、电视机等新兴工业部门，这就使得工业结构发生了很大变化。随着市场化的深入，管理模式上不再是由政府设计，而是交由职业经理人管理。

从主要工业部门的结构看，旧中国以纺织工业和食品工业为工业部门的两大支柱，现在已让位与为国民经济各部门提供装备的机械工业，化学工业和能源工业的比重也大大提高了。工业布局也有了显著改善。旧中国的工业布局极不合理，70%以上的工业偏集于东部沿海地区，广大内地特别是边疆少数民族地区很少或没有现代工业。新中国成立后的40多年里，国家将一半以上的基本建设投资用于内地建设，使内地工业从无到有、从小到大地发展起来，内地工业发展速度快于沿海。

改革开放以来，城乡多种经营迅速开展，广大农村办起了为数甚多的乡镇企业，为改善全国工业的布局，充分开发、利用农村自然资源，开辟了新路。通过40多年的建设，中国工业技术水平也有很大提高：一是生产机械化和自动化水平大有提高；二是各工业部门都拥有一批现代化大中型骨干企业；三是产品品种规格多，基本上能满足国内生产发展的需要；四是新技术的开发应用取得显著效果，最近几年每年的重大科技成果都在 1 万项以上；五是某些高技术产业已具有一定规模，有的已达到世界先进水平。

目前在重工业领域逐渐涌现出了许多优秀的民营重工企业，采用现代企业的管理模式。可是，在具备重要战略意义的核心重工业领域，基本上还是由国家控制，但在管理模式上已通过与外资合并，通过内部资源整合重组方式，解决了企业大而不强的现象。通过股份制改革，激励企业在立足国内的基础上，加快发展。大型的集团化企业在船舶、能源等领域发展大、精、专的大型现代企业，并参与国际化的激烈竞争。目前已经有很多企业顺利进入国际化，并取得了骄人的成绩。

第二部分

世界主要国家地区重工发展分析

第一章

德国重工业发展现状

德国是经济高度发达的工业化国家，是欧洲头号经济大国和居美国、日本之后的世界第三大经济强国，其经济实力与经济发展水平居欧洲共同体国家首位。工业是德国国民经济的决定性部门，煤炭、发电量、汽车、船舶、机械、化纤、塑料、合成橡胶、硫酸、烧碱、钢铁等的产量均居世界前列。工业结构以重工业为主，机械、汽车、电气、化学工业是工业的“四大支柱”，新兴的石油加工、电子、核能、航空航天等工业发展迅速。

第一节　德国重工业发展现状和前景

一、德国工业革命

德国是一个后起的资本主义国家，当英国工业革命接近尾声时，德国的工业革命才刚刚开始。德国的工业革命也晚于法国和美国，大致是从 19 世纪 30 年代开始。不过，德国工业革命的发展速度却很快，到 19 世纪 80 年代末就基本上完成了。此后，德国的工业迅速发展，赶上并超过了老牌资本主义国家英国和法国。

20 世纪初，德国实现了资本主义工业化，成为仅次于美国占世界第二位的工业化国家。德国银行业形成独特的体系，在德国工业革命的迅速发展过程中发挥了极为重要的作用。德国银行家主要依靠自有资金而不是储户的钱进行中长期工业投资。

因为要自我承担风险，所以德国银行家比英法同行更倾向于积极参与工业公司的管理工作，更重视提高企业的效率。这样的金融服务对德国工业革命有非常重要的意义，尤其是在钢铁、电气、煤矿、机械等需要大量资金的行业，更是如此。正是由于德国银行的这个特点，保证了德国工业革命的快速发展。

进行大规模的工业革命必须有充足的资金保证，可是，德国在原始资本的积累上不如英法等国。为扭转这种不利的局面，德国通过创制股份公司与股份银行等新的管理渠道来筹集分散流动的社会资本。1846 年，普鲁士政府将柏林的皇家银行转变为普鲁士银行，并赋予它发行纸币的权力；当德意志帝国建立后，它便转变为中央银行。

德国的银行系统与企业保持更为密切的联系，双方共同参与企业发展，互相促进。德国银行不仅为企业提供长期贷款，甚至直接参与创办企业，在这方面比英国、美国和法国对本国工业发展提供了更强有力的支持。据统计，1850 ~ 1859 年，德国成立的股份公司高达 251 家。德国的一些大银行，如 1851 年成立的贴现公司、1856 年成立的德意志信贷银行等都创设于这一时期。

19 世纪三四十年代，是德国工业革命的起步时期。与工业革命早期的其他资本主义国家一样，德国的工业革命也是从纺织工业开始的。然而，这一时期德国纺织业与英国等发达国家相比较，仍显落后。在工业革命中，铁路建设对德国的工业扩张起了决定性的作用。从以纺织业为中心的轻工业迅速转向以铁路建设为重点的重工业，通过铁路建设来带动其他工业部门的发展，是德国在第一次工业革命中后来居上的一个重要原因。

在德意志帝国建立前夕，普鲁士、萨克森、巴伐利亚、巴登等地工业革命已经基本完成。1870 年，德国在世界工业生产中的比重已经达到 13%，超过老牌资本主义国家法国 10%，进入世界先进工业国家的行列。同期，英国和美国在世界工业生产中所占的比重分别为 32% 和 23%。

1871 年，德意志帝国的建立，阿尔萨斯及格林地区的获得，使德国丰富的自然资源又增加了宝贵的铁储备。而且，从工业革命的一开始，德国就拥有比英国更有效的新式机械。此外，德国政府还通过建立运河网与铁路网、提供关税保护和津贴，以及制定能培养训练有素的科学家与技师队伍的教育体系，为完成以电气化为核心的第二次工业革命奠定了基础。1914年，德国在钢铁、化学和电力工业方面超过了欧洲其他国家，并在采煤与纺织工业上紧随英国之后。

二、五个要素决定了德国初期重工业化发展模式

在英国之后，比利时的经济是第一个通过工业变革发展起来的。法国工业化速度较慢，其经济变革过程直到1830年“七月革命”后才真正开始。拿破仑实行大陆封锁虽然促进了民族工业的建设，但这些工业大部分停留在17世纪和18世纪重商主义政策的目标上，主要生产奢侈品和高档产品。直到1825年，英国禁止机器输出法令阻碍了法国企业的技术改造。但是，后来路易·菲利浦的支持改革和迎合市民的政策为法国实现工业化开辟了道路。在路易·拿破仑时代，法国的工业化得到有力推进，铁路建设完成，法国作为仅次于英国的工业大国和大陆强国的地位得到了保证。

可是，未来的欧洲大陆强国德国此时却落后得多，它向现代工业社会的发展直到19世纪中叶才开始露出眉目，其原因在于它特殊的国家情况和政治情况。德国的西方邻国在18世纪末已经成为统一的强国，自觉的资产阶级在国内争取到政治发言权。而在德国，300多个德意志诸侯、教会诸侯和1000多个帝国直属自由市、自由帝国骑士以及大修道院保持着一个僵化的等级社会，封建贵族在其中决定一切，对独立的、受过教育的工商资产阶级成员占有绝对的优势。

1806年拿破仑征服中欧，这给“贫穷、疲惫、四分五裂的德国”带来了真正的转折。法国皇帝迫使中欧国家重新划分版图，旧帝国结束，按照法国大革命的自由精神进行了改革。这一切加速了封建社会经济结构的瓦解，促进了资本主义工业生产方法的发展。首先，在莱茵联邦国家和被法国占领的普鲁士西部诸省废除了农奴制和强行加入行会法。在以后的几十年中，差不多普鲁士所有的邦（州）都取消了这些制度。1807年和1811年在普鲁士实行的营业自由，1808年的城市法规，1810年解放犹太人以及国民学校、专科学校和职业学校的增加，是改变德国经济生活的其他前提条件。

1818年普鲁士发布了关税法，把它的几块被分开的国土连接起来，建立了第一个有吸收能力的市场。1834年，在普鲁士领导下成立了德意志关税同盟，从而使德意志大部分地区向相对来说无约束的贸易开放。这种开放鼓舞了国家和

企业主进行必要的投资，开发这个地区的交通并使之四通八达。1841年，李斯特在不厌其烦地强调一个好交通网对国家富强的意义之后写道："关税同盟和铁路系统是联体双胎，同时出生……具有相同的精神和意识，它们相互支持。"托马斯·麦格劳在《现代资本主义：三次工业革命中的成功者》一书中印证了李斯特的看法，他提出，德国工业的快速发展源于五大决定因素，而占据第一位和第二位的因素正是关税同盟和铁路的发展。

铁路建设确实是卓有成效地实行工业化的真正发动机，它所起的作用之一是促使银行业走向兴盛。一些德国的"综合银行"，如德意志银行，最初就是靠铁路起家的。它们是一种复合体，兼具商业银行、投资银行和投资信托机构的多重职能。这种银行能够更好地把分散在投资者手中的资金集中用于大规模的工业建设和商业投机上。

此外，对铁路设备的需求为德国的煤炭、钢铁和机械工程工业提供了广阔的新市场。工业生产的重心移到鲁尔区，首批德国大企业家（如克虏伯）崛起。通信事业也随着交通的发展而勃兴，西门子1868年敷设了第一条陆地电报线。除了鲁尔区，萨尔河畔、普鲁士、西里西亚、萨克森和南德诸邦也发展起来。这些地方由于具备现代交通和通信条件，几个州连接起来成为一个大经济区。在建设这些工业区的过程中，通过经济独立取得政治独立的希望振奋了人们的精神。

按照麦格劳的说法，德国实现工业化所依靠的第三个决定因素是深厚的工艺技术传统，它不仅使新技术的传播变得更为迅速，而且使生产和经营监管变得非常容易。熟练工人以自己精湛的技术为荣，对工艺技术的承认、尊重和推崇至今仍是贯穿德国职业教育制度的主导思想。

完善的教育体系构成了第四个决定因素。这种体制提供了从小学到职业学校、从工艺学院到大学的求学机会。工艺学院对工业发展有着特殊的重要性。18世纪30年代之前，德国很多的邦（州）就已建立了工艺学院，大大早于其他国家。1868年之后，所有这类学院都发展成为工科大学，这些大学培养了许多注重实用学科的技术人员。施万成功地证明动物与植物一样是由细胞组成的；迈尔计算出热功当量；黑尔姆霍尔茨成为现代电学的创始人；物理学家基尔希霍夫和化学家本生共创光谱分析法；门德尔研究出植物的遗传规律；李比希以他的研究成果使德国的化学学科得到蓬勃发展，他的农业化学彻底改革了土地耕作；西门子发现了电动原理，创立了强电工程，为工业化进程开辟了前所未有的广阔天地。这正如俾斯麦所言，“有学校的国家才有未来。”

推动工业化迅速实现的第五个决定因素是德国庞大的商会组织。早年这类组织中最重要的是德国工商会，它以半公开的方式活动，主张经济的“自给”。它分区域进行组织管理，常常反映中小企业的利益，但它又不仅仅是利益集团。对于区域间的贸易往来，工商会制定了基本的准则。它还越来越多地参与工人的培训。

通过以上可以看到，正是关税同盟的实行、铁路的发展、深厚的工艺技术传统、完善的教育体系和早期德国庞大的商会组织，使得德国工业迅速确立，重工业成为其经济支柱。在随后的高速工业化过程中，这些特征逐渐整合为一体，形成了一种独具特色的资本主义类别，一种“德国式”的经济发展模式。

第二节　德国重工行业的特点

一、资源相对匮乏，原材料依赖进口

德国属于自然资源相对贫乏的国家，除煤和钾盐比较丰富外，仅有少量的铁、石油、天然气等。其中，硬煤的探明储量为2300亿吨，可开采储量250亿吨；褐煤的探明储量为760亿吨，可开采储量约400亿吨。其他矿藏的探明储量：钾盐约130亿吨，铁矿石16亿吨，石油9000万吨，天然气3000亿～4000亿立方米。东南部有少量铀矿。矿产主要靠进口。

2008年3月27日德国工业联合会（BDI）主席格里洛称，近年来的原材料价格持续上涨已使德国削减了约15万个工作岗位。从2003年以来，铁矿石、铝、铜、铑和锌等金属类原材料价格急剧上升，有些原材料价格的涨幅甚至高达2000%，大量投资项目因此被迫延后甚至取消。德国《经理人杂志》透露说，针对这一现象，德国工业联合会计划成立一个原材料基金，成员企业需缴纳一定的会费。该基金将把筹集的资金用于参股一些矿山项目，以此保证成员企业原材料的供应。德国最大钢铁公司蒂森克虏伯也表示，正在考虑与竞争对手一起开发矿山。这一计划需要三至四个合作伙伴，每个合作伙伴至少需提供10亿欧元资金。

二、出口导向型

德国的经济支柱是工业，机械制造、电气电子、汽车和化工是德国工业的四大支柱。机器和设备制造业是德国经济的关键部门。德国是西方7国中对外贸易依赖程度最高的国家之一，全国近1/3的就业人员依靠出口。为了发展对外贸易，德国政府积极参与国际经济合作，努力发展与其他国家的双边和多边经济关系。德国政府规定了现阶段对外经济政策的任务和目标：加强多边世界贸易体制，实施第一届世贸组织部长会议所作的决议；支持东欧邻国和最不发达国家的经济改革和一体化政策；加强德国经济在世界经济增长最快地区的存在。

三、技术水平领先

工业化是德国实现近代化、经济上赶超英法美等先进资本主义国家的核心问题。德国在很短的时间内就实现了工业化，其中重视教育和科学研究、最大限度地发挥科学技术对社会的杠杆作用是它最基本的经验之一。第一，德国把科学技术视为强国之本，大力扶持科学研究，并直接控制科研大权，使科研为国家服务；第二，通过创办技术院校大力培养实用人才，重视发挥科技人员的作用；第三，将科研与生产紧密结合，以生产促进科研；第四，抓住化工和电气部门的技术革新，带动其他部门的技术进步；第五，通过引进、消化和革新技术快。以上举措对德国整个社会发生了深刻的影响。国家利用发达的科技，加速了工业化的完成，并加速了德国近代化进程，使得其整个工业体系至今依然在许多技术上保持领先地位。

四、企业金融联合体

德国重工业的迅速发展与德国的银行业形成的独特系统有很大的关系，这也是德国可以迅速完成工业革命、经历两次世界大战后依然在工业尤其是重工业上保持领先的重要原因之一。德国的银行系统为德国的工业化提供了最有力和最成功的刺激。在德意志银行是一个商业银行，是投资银行与投资信托的联合体，而这个联合体只有在中央银行的支持下才能有效地发挥作用。为处理商务或为商人提供短期贷款和交易上的服务，德国从1835年开始逐渐出现了比较集中的银行与金融系统。1846年普鲁士政府将柏林的皇家银行转变为普鲁士银行，并赋予它发行纸币的权力，这成为德国银行朝着现代方向发展的标志。德意志帝国建立后，它便转变为中央银行，其任务是维持新建立的金本位制，最大特点是其资金的来源。由于官方的刻意关照，德国银行家主要依靠自己的资金而不是储户的存款，所以他们愿意进行较为中长期的工业投资，并自己承担风险。这样，他们也就比英法的银行家更有兴趣直接参与工业公司的管理工作。这样的金融服务对整个迅速扩张的工业有着特殊的意义，尤其在钢铁、煤矿、电气、机械和重化学工业等需要大量资金的行业更是如此。正是由于德国银行的这个特点，保证了德国工业化较高的增长率，而银行业也由此得以迅速地扩张，并在国民经济发展的过程中具有越来越重要的地位。

在德国，像克鲁伯公司和斯森公司这样的大型重工业企业，最初原本是完全独立的，但逐渐地也与银行的关系日益密切，而一些主要的银行也相互竞争着与这一类的大公司建立密切的联系。这种趋势发展到后来，每一家大银行都至少与一个以上的大型重工业集团建立了紧密的联系。而银行与企业的这种联合的趋势加快了银行和企业在各自的领域集中的趋势，使得德国的垄断财团的规模迅速地超过了老牌的英法等资本主义国家。银行的合并，加速了工业的集中。由于企业的逐步集中，越来越多的银行集中投资于几个有限的产业或几个行业。但它们在生产技术上是相互联系的，而这种趋势很自然地有助于垄断集团的形成，其结果是银行运用其影响力加速了德国的工业组织的规模化和卡特尔的形成。卡特尔是西方普遍存在的一种垄断组织。与英美不同的是，德国的这些垄断性组织得到了德国政府的支持。从纯理论的角度讲，竞争对于提高效率是有益的。而德国的卡特尔式的工业化证明，这种民族国家式的集约化竞争手段是其在国际竞争和经济增长方面最成功的组织方式，因为它能够同时考虑到横向和纵向的合理化措施。

德国产融结合的发展是通过相互持股与人事结合来完成的。由于德国银行法并没有对银行设立过多的限制，银行可以在非银行企业中持股。这样，德国商业银行不仅垄断了金融市场上各种有价证券的发行和转让业务，而且还对工商企业进行投资参股和控股，并形成了具有德国特色的主持银行模式。大银行不仅通过占有股票控制工商企业，还通过兼任工商企业董事直接参与企业的重要决策。当然，工商企业大公司也广泛参与银行业。第二次世界大战后，德国的产融型企业集团有的以大银行为核心组成财团，有的以大公司为主体组成财团。这些企业集团在发展过程中形成了自己鲜明的特征：

1. 银行资本与工业资本紧密结合

在德国企业集团发展的历史上，银行资本与工业资本的结合构成了以银行为首的财团，银行与企业紧密地结合在一起。第二次世界大战后仅有德意志银行、德累斯顿银行和商业银行生存下来了，也就是通称的三大银行。三大银行在金融体系中的兼并和营业额增加的速度，超过了工商业垄断集团的兼并和营业额增长的速度。在德国产融型企业集团形成的过程中，银行与企业的结合方式主要有三种：一是银行通过掌握股权，直接实现资本参与；二是通过人事结合，银行资本和工业资本保持密切关系；三是银行与企业组成财团。

2. 管理方式由家庭管理向多股公司参与管理转变

在德国产融型企业集团形成的初期，家庭控制的垄断组织是企业集团的主要形式。第二次世界大战后，一些历史悠久的家庭企业和垄断集团在新的市场环境中面临着新的挑战。为适应新的形势和筹措更多资本，股份公司逐渐代替了私人资本和由一个家庭独家经营的公司。一些垄断集团不再单是按家庭或宗族利益组建起来的工商企业和金融组织，而是通过直接资本参与、人事交织和金融联系形成多股控制的公司。德国的产融型企业集团的股权结构发生了变化，体现在：股东多样化、股权微观分散化和宏观集中化；由纵向垂直持股为主转向横向水平持股为主；个人和家庭持股比重下降，机构持股比重上升；公司间关系由封闭、分割为主变为开放、融合为主；股份持有日益国际化。在这种趋势的整体影响下，企业集团的管理方式实现了从家庭管理向多股公司参与管理的转变。

3. 建立比较完善和健全的企业管理制度

是德国组建和发展产融型企业集团的基本前提和条件。德国企业的基本形式是股份公司，股票作为一种有价证券，可以在有组织的资本市场上买卖。这样，一个企业集团要想控制另一个企业，通常只要在市场上收购股票、进行大量参股就能做到。股份公司必须设立董事会、监事会和股东大会等领导机构，他们分别代表经营权、监督权和所有权。通常甲企业持有丙、丁企业一定的股份（如35%以上），成为其最大的股东时，甲企业董事长便会出任丙、丁企业的监事会主席。一个人可在多个企业中任监事，但最多不能超过15个公司。这就从组织上保证了控股企业对被控股企业的经营决策施加控制影响的能力。

第三节　德国重工企业管理体制、结构和模式

一、德国重工企业结构

1. 德国煤炭工业与鲁尔区

鲁尔工业区是德国、也是世界重要的工业区，是位于德国西部、莱茵河下游支流鲁尔河与利珀河之间的地区。通常将鲁尔煤管区规划协会所管辖的地区作为鲁尔区（Ruhrg-ebiet）的地域界线，其面积4593平方公里，占全国面积的1.3%。区内人口和城市密集，人口达570万，占全国人口的9%，核心地区人口密度每平方公里超过2700人；区内5万人口以上的城市24个，其中埃森、多特蒙德和杜伊斯堡人口均超过50万。鲁尔区南部的鲁尔河与埃姆舍河之间的地区，工厂、住宅和稠密的交通网交织在一起，形成连片的城市带。

鲁尔区的工业是德国发动两次世界大战的物质基础，战后又在西德经济恢复和经济起飞中发挥过重大作用，其工业产值曾占全国的40%；现在仍在德国经济中具有举足轻重的地位。鲁尔工业区突出的特点是，以采煤、钢铁、化学、机械制造等重工业为核心，形成部门结构复杂、内部联系密切、高度集中的地区工业综合体。鲁尔区是以采煤工业起家的工业区，随着煤炭的综合利用，发展了炼焦、电力、煤化学等工业，进而促进了钢铁、化学工业的发展；并在大量钢铁、化学产品和充足电力供应的基础上，建立发展了机械制造业，特别是重型机械制造、氮肥工业、建材工业等。20世纪50年代以后，由于石油消费量逐渐增加，鲁尔区的炼油业和石油化工工业也迅速发展起来。70年代以后，电气、电子工业有了很大发展。现在，鲁尔区生产全国80%的硬煤、90%的焦炭，集中了全国钢铁生产能力的2/3，电力、硫酸、合成橡胶、炼油能力、军事工业等均在全国居重要地位。第二次世界大战后，在世界一些以采煤工业起家的老工业区严重衰退的时候，鲁尔区仍具有较强的生命力，是与其随着科学技术的进步、不断调整区内的经济结构与部门结构分不开的。信息、电信等“新经济”工业在鲁尔区蓬勃发展。统计数据显示，目前北威州从事数据处理、软件及信息服务的企业超

过11万家，电信公司380多家，其中绝大多数位于鲁尔区内。鲁尔区目前已从“煤钢中心”逐步变成了一个煤钢等传统产业与信息技术等“新经济”产业相结合、多种行业协调发展的新经济区，产业结构调整取得了明显的成效。

鲁尔区有着发展工业的优越条件：

（1）鲁尔区的地理位置十分优越。鲁尔区自古就是东西欧往来的“圣路”地带，也是北欧通向中欧、南欧的捷径，地处欧洲的交通路口。在近代资本主义发展中又位于欧洲经济最发达的“金三角”内，西距欧盟成员国法、荷、比、卢的工业区很近，北距欧盟成员国丹麦以及瑞典南部工业区不远，东北、南面又邻近本国下萨克森的经济重心区汉诺威—沃尔夫斯堡—扎耳茨吉特三角工业区和北莱茵—威斯特法伦州的莱茵河下游以科隆—杜塞尔多夫为中心的工业区，便于工业区间以及与欧盟成员国间的贸易往来。

（2）鲁尔区有着丰富的煤炭资源。煤炭地质储量为2190亿吨，占全国总储量的3/4。其中经济可采储量约220亿吨，占全国的90%。鲁尔区的煤炭煤质好、煤种全，为优质硬煤田，可炼优质焦炭的肥煤占储量的3/5，煤炭所含的灰分（3%~18%）和硫分（0.5%~1.5%）都低，发热量高，其中肥煤的发热量高达8600大卡/公斤。

（3）水陆交通便利。莱茵河纵贯全区南北，从莱茵河口上溯的7000吨级海轮和8000吨的顶推船队可直抵杜伊斯堡港。从杜伊斯堡到荷兰边界的莱茵河段，年均运输量达1亿吨，并可通过河口的鹿特丹港与世界各地进行贸易往来。区内还有沟通莱茵河、鲁尔河、利珀河和埃姆斯河的4条运河网，总长达425公里（包括通往埃姆斯河下游段），有大小河港74个，河道与港口均已标准化，可通行1350吨的欧洲标准货轮。同时，鲁尔区的铁路运输与河运同样发达。区内铁路密度非常大，营运里程达9850公里，占全国的近1/5，多东西走向，从巴黎通往北欧和东欧的铁路由本区穿过，哈根是德国最大的货运编组站。鲁尔区的公路和高速公路也四通八达，是区内及其他工业区联系的纽带，从德国西部通往柏林和荷兰的高速公路均从区内通过。鲁尔区公路汽车行驶的密度为全国平均密度的一倍，达每公里55辆。

（4）鲁尔区既是生产中心，又是消费中心。以鲁尔区为核心，方圆100公里内，是德国最大的消费核心，这里集中了5个50万至100万和24个10万至50

万人口的城市。鲁尔区生产的70%以上的煤炭和钢铁在此范围内加工、消费。

2. 德国船舶业

在德国，造船领域的员工数量为10万以上，占整个欧盟国家的1/6，产值占欧盟的1/4，重要性不言而喻。就目前的状况看，德国造船业的形势发展很好，2006年德国该行业的营业额达到62亿欧元。目前德国造船业已收到建造250艘船舶的订单，约合价值135亿欧元，订货量一直饱和到2010年，有些造船企业甚至到了2011年。

德国是船舶生产大国。德国统一后，其造船工业除了继续受到世界性经济不景气的困扰和来自远东等造船国的强烈竞争外，原东德造船工业的调整和私有化也带来了大量的社会和经济问题。在苏联解体以前，德国乃至整个北约组织的假想敌人是以苏联为首的华约组织。随着苏联的解体和华约组织的解散，德国海军的战略方针和作战使命自然也作了相应变化。

1992年11月26日，联邦国防部长批准了《国防政策方针》，把海军在和平、危机和冲突时期的作战方针与作战使命归纳为“捍卫、支援和显威”三句话。在新的形势下，为适应海军的战略方针和使命任务，德国舰船行业发展所采取的方针政策大致有以下几点：

（1）立足本国现实，大力发展中小型舰艇。由于历史、地理和政治、军事等方面的原因，德国主要建造中小型舰艇，如护卫舰、快艇、潜艇和水雷战舰艇。它不追求舰艇吨位，而是着眼于性能的改进和装备的现代化。它建造的中小型舰艇具有装备精良、技术先进的特点。众所周知，德国是科学技术高度发展的国家，这也为本国的舰艇和舰用设备的研制奠定了雄厚的技术基础，某些领域已居世界领先的地位。例如，AIP动力系统将装备新研制的212级新型潜艇；根据海军使命，均衡发展舰艇，根据本国海军的作战任务以及北约的统一部署，德国需将40%的海军兵力投入到“危机反应兵力”中去。因此，为完成上述作战使命，德海军必须拥有携带直升机的护卫舰、潜艇、快艇、水雷战舰艇、支援舰船以及海军航空兵。近年来，德海军正是遵循这一思想规划发展海军装备的。

（2）配套齐全，军民结合。德国在发展舰船工业时，重视发展有关的舰船配套工业，以形成独立完整的舰船工业体系。在舰艇及其装备的研制方面，采取军民结合的办法，军内不设专门的造舰设计部门，充分利用地方上的技术力量和造舰能力，舰艇的设计与建造任务全部委托给民间造船厂承担。各造船厂做到军民品兼顾，开展多种经营。

（3）研制本国装备，同时兼顾出口。为维护和发展国内舰船工业，德国舰船工业除了为本国海军服务外，在军品出口控制较为严格的情况下，还大力发展出口型舰艇，以保持造舰能力、降低研制成本、提高经济效益。众所周知，209型潜艇和 MEKO 型护卫舰在国际舰艇市场上极为畅销，深受引进国的欢迎。

（4）加强国际合作，共享技术成果，降低研制费用。在舰艇研制过程中，积极开展国际合作，特别是与北约成员国之间的合作，以发挥各自的技术优势、取长补短，既缩短研制周期、降低研制成本，又提高研制水平和装备水平。例如，与荷兰、西班牙制订了“三边护卫舰合作计划”，与意大利、荷兰共同研制 NH90 直升机，与美国、挪威合作研制反潜鱼雷等。

德国船舶业的规模布局为：

（1）行业规模及企业分布。东西德统一后，经过近 10 年的调整和改组，德国目前船厂的数目在 100 家以内，且大都分布在德国北部沿海地区。其中主要舰艇建造厂仅有少数几家，包括：布洛姆·福斯公司、霍瓦兹·德意志造船厂、不来梅·富坎造船厂、蒂森公司北海造船厂、吕尔森船厂、阿伯金·拉斯姆森公司、克律格造船厂等。

（2）从业人员数量。为了提高生产效率和降低造船成本，德国造船工业伴随着企业的重组对造船工业的职工队伍规模进行了大规模的削减。据德国造船协会报道，1997 年德国造船工业的年平均职工人数由 1996 年的 31868 人减少到 26000 人，下降了 18.4%。另据德国金属制造业工会的一项调查研究，1998 年德国造船工业的职工人数进一步减少。

（3）舰船生产规模。德国每年造舰工时约占整个造船工业建造工时的 1/10。两德统一前，西德造船工业总营业额中有 15% 来自海军订货，统一后基本维持原来水平。

目前，德国造船业的良好业绩得益于近年来全球船运行业的迅猛发展。其中，对集装箱船、散装运输货轮以及油轮的需求量最大，这些也正是德国的强项。造船业目前面临的最大风险，一是来自不断攀升的钢铁价格；二是专业人才的匮乏，业界尤其需要工程师；三是来自亚洲的竞争。

3. 德国机械制造工业

机械制造业是德国最大、最重要的工业部门之一。机械制造业的结构在德国工业界独一无二，反映在德语的定义“Mittelstand”，它表示该行业由中、小型企业组成。国际社会一直称这种结构为“典型的德国结构”，象征着自主的企业文化，代表着德国企业家的独立、创造性和自由主义哲学。

“德国制造”的竞争优势在于非价格因素，包括质量、技术、解决问题的专有技术、产品性能可靠性、供货可靠性及售后服务等。德国的机械制造业不断从其在全球特种机械、服务、系统解决方案中的技术领先地位获益，并进一步促使企业利用其优势参与国际竞争。曾经有人认为，全球化会让德国这样传统经济的高工资国家再也过不上舒服日子。因为未来属于高科技和服务行业，而不是老式的制造业。但是德国颠覆了常人的看法，它为其他发达国家提供了一种发展模式。德国公司在全球化浪潮里巧妙地利用优势发展自己，最重要的一点就是回归传统经济模式。自从新千年来临之后，新兴经济体购买机械设备的数量出现了前所未有的增长，比如中国和俄罗斯都在中东建立工厂，大规模地升级改造交通设施和改善基础设施。1995 年以来，面向发展中国家的出口占德国出口增长的 1/3。德国的经济分析家赫尔曼·西蒙说：“中国或许是世界工厂，但是德国公司是世界工厂的制造者。”

德国机械制造业的优势和成功因素体现在以下几个方面：

（1）在技术创新上，创新实力无疑是德国机械制造业现在以及未来在国际竞争中最为重要的资产之一。德国庞大的工程师队伍和创新投入，是其创新实力的重要来源。在德国这样的高工资国家，绝大部分的工业领域能够保持世界领先地位，其根本在于拥有众多先进的专有技术，这是德国长期坚持参与研发领域国际竞争的结果。

（2）德国机械制造业向全球市场提供的产品种类之多，超过其他任何国家。其中，在机械制造业的 31 个部门中，德国有 17 个占据全球领先地位，例如机械搬运、电力传输设备和印刷技术等；处于前 3 位的部门共有 27 个。这种产品的多样性及现代化，使得德国企业有能力避免许多本领域特有的风险。

（3）德国非常重视特种用途机械的研发。该种类机械的特点是生产需要较大的投入但是产出利润也高于大批量产品，因而德国机械企业总能通过提高其利润来弥补周期性衰退的损失。

目前，新兴中产阶级购买了大量德国汽车，而且其工厂购买了大量德国高科技重型机械。这些是德国的传统优势产业，和其他西方国家相比具有更强的竞争力。在世界大国里，只有中国和德国自2000年之后出口份额有较大增长。出口一直是拉动德国机械行业增长的唯一动力，出口份额占行业总产值的70%。2003年，德国超过美国成为世界最大的机械出口国。德国保持世界最大机械设备出口国的地位，依靠的并非是巨型企业，而是无数的中小型企业。相关数据显示，德国从事机械制造的中小企业平均拥有员工仅150名，而年均营业额却达到2600万欧元。德国尤其重视特种用途机械的研发，这种看起来销量不大的机械设备，由于具有不可替代的优势，为德国企业带来了极为可观的利润。

二、德国重工企业管理体制和管理模式

德国的企业管理远比美国更富活力和有效，主要体现在以下几个方面：

1. 职工参与企业管理有法可依

德国工人参与企业管理有着坚实的法律保障。德国《职工参与管理法》明确规定，大型企业要按对等原则由劳资双方共同组成临事会，然后增加一位中立人士担任主席。德国的职工参与企业管理的效果十分明显：一是劳资双方关系融洽，二是劳动生产率大大提高，三是可以从职工中汲取许多改进企业经营管理方面的建议。在西方国家中，德国企业员工关于企业经营管理方面的合理化建议是提得最多的一个。不仅如此，在产品开发过程中，企业员工以主人的姿态参加，无疑使产品在速度、质量方面得到有效保证，有困难亦会群策群力地克服。

2. 生产没有竞争对手的独家产品

为了保证在激烈的国际竞争中能立于不败之地，德国西门子每年都要投入3.5亿美元左右的资金来实施技术改造计划，同时每年都投入3000多万美元用于员工的培训，从而使该公司在最快的时间内更新使用设备。目前，该公司4/5的利润都来自最近三年内研制的新产品。据美国《幸福》杂志报道，德国大约有30%的出口商品在国际市场上是没有竞争对手的独家产品，其价格由德国的出口商说了算。目前，德国在大型工业设备、精炼化工产品、精密机床和高级光学仪器等方面拥有无可争辩的优势。

3. 独一无二的双轨制教育

所谓双轨制教育，是接受职业培训的青年人在企业学习实际操作和在职业学校里学习理论知识平行进行。德国的双轨制教育有效地保证了理论与实践的结合，年轻人就业时能马上适应工作的需要。如什未林手工联合会的职业培训技术中心（BTZ），是一个非常现代化的职业技术培训中心，中心设有用于汽车机构、木工、暖通、电气、美容美发等职业的全套培训设备。其汽车修理设施中包括最先进的汽车检测仪器，学员使用的则是奔驰、大众、丰田、宝马等公司赠送的各种新型汽车。

4. 坚持走市场营销国际化之路

善于在国外市场上建立自己的分支机构（一般是销售和服务机构），是德国企业经营管理的又一大特色。德国企业市场营销国际化过程开始于20世纪50年代。只有市场营销国际化，才能使企业有赖以生存的空间。时至今日，德国企业平均每家拥有9.6个国外分支机构。与世界其他国家同样规模的企业相比，这个数字是非常大的。德国成功的企业中，90%以上在美国市场上有自己的分支机构，一半以上在日本建立了自己的全国性服务网络。这种现象在其他国家的企业中是不多见的。

5. 以优质产品赢得顾客

美国式管理的顾客至上原则往往注重积极的行销研究和策划，同时有效处理顾客的抱怨。而对德国人来说，产品质量好而耐用，以及加强售后服务，才是吸引顾客的秘诀。汽车工业是德国质量管理的代表，该国汽车工业企业质量管理的主要情况如下：一是有健全的质量管理机构与体系，二是十分强调质量预防，三是有扎实的质量管理措施。

三、合理化建议管理模式

在德国，合理化建议管理已被实践证明是充分调动全体职工参与公司管理、促进企业革新挖潜、降本增效的重要途径。自克虏伯先生1872年最早提出合理化建议管理概念以来，德国企业开始陆续实施合理化建议管理办法，并在实践中不断发展和完善，形成了几种不同的管理模式。目前，合理化建议管理不仅是德国企业人力资源管理的一个重要组成部分，也是德国企业文化的主要特征之一。

目前，德国企业实行的合理化建议管理模式主要有“中央管理模式”、“上级主管模式”和“团队模式”（也叫“主持人模式”）三种。

1. 中央管理模式

“中央管理模式”是德国企业传统的合理化建议管理方式。该模式的特点是设立合理化建议管理办公室作为合理化建议各方利益的交流与协调中心，任命点子经理，由其负责接收职工的建议，并对职工编写合理化建议予以指导，对合理化建议报告进行初审后转交给评审委员会。评审委员会主席一般由企业领导任命，委员会成员包括：点子经理、两名技术专家和两名工会代表。该委员会的任务是对建议是否具有操作性及实施后能带来多大的经济效益进行评估，并在此基础上提出相应的奖励建议。该委员会对执行合理化建议的预算经费和实际效益负责。有些合理化建议在决定实施前还需专家鉴定。当奖金标准超出决策者的授权时，由奖金评审委员会讨论决定。该委员会由企业领导（总经理或部门领导）、点子经理和职工代表（工会代表）组成。

2. 上级主管模式

“上级主管模式”是由各级部门领导直接负责职工的合理化建议管理，即从接收、评审到确定奖励金额全部由各级部门领导负责。该模式的特点是充分发挥各级部门领导的作用，由他们直接决定是否实施职工的合理化建议和奖金的高低。如需专家鉴定，则请业内权威专家作相应的评估鉴定。当奖金标准超出决策者的授权时，由奖金评审委员会讨论决定。该委员会由企业领导（总经理或部门领导）、点子经理和职工代表（工会代表）组成。

3. 团队模式

“团队模式”是企业合理化建议管理的一种新的现代化管理模式，也被称为“主持人模式”。该模式的特点是成立一个分散的“点子管理团队”，由其负责对职工建议的评估和实施。“点子管理团队”可根据公司的组织结构或业务关系设立，由6~8人组成，其中包括一名经过专门培训的“主持人”和一名部门领导。“主持人”是从职工中选拔出来并经过合理化建议管理培训的技术人员，他负责“点子管理团队”的协调联络工作。若大公司设立几个“点子管理团队”，“主持人”还要负责团队间的联络与协调。“点子管理团队”收到职工的合理化建议后，由“主持人”协调确定团队开会评审时间和地点。由于主管领导本身是

“点子管理团队”成员，一般会上就能作出实施决定和奖励措施。如需专家鉴定或由奖金评审委员会讨论决定，由“主持人”协调安排。

通过合理化建议管理模式，充分调动了员工积极性，为企业创新注入了活力，使得德国企业的科技能力一直居于世界前列，为德国重工企业的发展植入了不断技术创新的内核。

四、德国监事会制度

德国的公司治理结构采用的是双层制，公司设股东大会、监事会和董事会三个机关。监事会和董事会呈垂直的双层状态。公司股东大会选举产生监事会，监事会任命董事会成员、监督董事会执行业务，并在公司利益需要时召开股东会议。董事会按照法律和章程的规定，负责执行公司业务。德国公司治理结构的最大特点是监事会和董事会有上下级之别，监事会为上位机关，董事会是下位机关。根据德国《股份法》第 101 条规定，监事由股东大会选任和劳方委派；向监事会派遣成员的权力只能由章程并且只能为特定股东或为特定股票持有人设定，在特定情况下也可以由法院委任。该法第 104 条规定，监事会不拥有为进行决议所必要的成员人数的，经董事会、一名监事或一名股东申请，法院应向监事会对该人数进行补充。

从德国《股份法》、《参与决定法》及其他相关法律对监事会的相关规定来看，监事会制度具有以下特征：

1. 监事会的地位高、职权大

德国的监事会拥有相当大的权力，特别是任命董事会成员和批准某些特别交易的权力，这使监事会实际上已拥有了几乎控制董事会的权力。具体而言，监事会有以下职权：（1）董事会的任免权。德国股份公司法第 84 条规定，监事会任命董事会成员，同时任命一名董事为董事会主席。如果董事粗暴地违反董事义务，没有能力执行业务，或股东大会丧失了对他的信任时，监事会有权撤销任命和更换董事会主席。此外，董事的薪酬由监事会决定。（2）监督权。包括财务监督权和业务监督权。监事会有权检查公司财务状况，可以查阅公司账簿等财务会计资料，可以委托监事或专家检查公司财务。监事会可以随时要求董事会报告公司的重要业务执行情况；董事会有义务定期向监事会报告关于公司的经营方针、赢利能力、营业过程、资金周转、人司事务的状况和对公司或其子公司十分重要的交易等情况。（3）特定交易的批准权。虽然公司法将经营决策权赋予了董事会，监事会不得以任何方式插手公司的实际管理，但公司章程可以明确规定，对于某些特定的交易，董事会必须事先得到监事会的批准后才能进行。（4）特殊情况下的公司代表权。公司的代表权原则上属于董事会，但在特殊情况下监事会代表公司，例如董事与公司之间产生诉讼时、董事有禁止的竞业行为时、董事与公司交易时。（5）临时股东会的召开权。如果公司利益需要，监事会有权召集股东大会。

2. 职工在监事会中占有极其重要的地位

职工参与公司治理结构是德国公司治理结构的最大特点，而职工是通过参与监事会来达到对公司治理的参与的。根据德国法的规定，监事会成员由职工代表和股东代表共同组成；职工选举代表进入监事会。德国监事会由股东代表和职工代表共同组成的模式是资本与劳动对公司共同治理的模式，体现了现代公司法理论中的“利益相关者理论”，是对传统股东本位的固有观念的修正，与20世纪末期兴起的“人力资本理论”不谋而合。

3. 银行在公司监事会中占有重要的地位

银行在德国公司治理结构中具有主导性的作用，这种主导性作用的发挥是通过监事会来实现的。德国很多公司的监事会中都有大银行的代表。据调查，在德国最大的100家公司中，银行在75家公司的监事会中拥有席位，20家监事会的主席由银行代表担任。

五、德国董事会制度

德国的公司治理模式是在第二次世界大战后建立起来的，与欧美模式相比，突出强调了民主决策和职工参与。德国公司的治理结构赋予了董事会相当大的权力，建立了高效、统一的经营机制，却很少出现一再困扰欧美企业的“内部人控制”、侵占股东利益的问题。这里，除了德国公司治理结构中建立了强有力的监督体系——监事会制度外，董事会自身也有较强的自我约束机制，很值得我国国有企业学习和借鉴。

德国企业的董事会制度有以下特点：

1. 董事会统一行使经营决策和业务执行职能

德国企业董事会的职能基本相当于我国企业董事会和经理层职责的整合，董事会既负责经营决策，也负责具体业务执行，每个董事既是经营决策的参与者，也是某一方面业务的执行者。董事会按照公司治理准则的要求“负责独立管理企业”，权力比较集中，管理环节相对较少，工作效率较高。

2. 实行集体代表制

董事会是企业法人代表，董事会主席（或叫发言人）只负责协调董事会的工作，不是企业法人代表，企业对外重大的经营行为必须有公司章程规定的两人或数人签字才有效。

3. 董事会成员集体作用发挥比较突出

按照公司治理准则的要求，董事长只负责协调董事会工作，企业重大经营行为必须由董事会集体讨论决定，按照多数董事的意见作出决定，然后由董事个人按照业务分工落实。重要的是，在实践中董事对董事会所议事项都能根据自己的认识和理解独立发表意见、进行表决，不受其他董事利益和意见的影响，从而使每个董事的作用都得到较好的发挥。

第二章

日本重工业发展现状

第一节　日本重工业的发展现状和前景

日本以技术立国。日本工业在第二次世界大战中受到严重破坏。战后，日本先后从美国等工业国家引进先进技术，开发新产品，确立了本国的技术体系，使工业迅速发展。目前，日本是世界最大的工业国之一。日本的重工业包括金属工业、机械工业、化学工业。

一、日本的重工业分布

日本的工业主要集中在太平洋沿岸的东京湾、骏河湾、伊势湾、大阪湾和濑户内海。这一狭长地带是著名的太平洋带状工业区，其占全国面积的20%，集中了全国60%以上的人口和9个百万人口以上的大城市（日本全国共有10个百万以上人口大城市，只有札幌在北海道），拥有全国工业产值的71.9%，钢铁工业产值的81%，化学工业产值的79.3%。这种布局的特点与日本的地理条件、自然资源情况以及对外贸易在经济中的地位有关。太平洋沿岸工业带曾使日本大大节省了能源资源的运输费用，收到明显的经济效益。

目前，京滨、阪神、名古屋、北九州和濑户内海沿岸仍然是日本最重要的工业区。

京滨工业区以东京为中心、关东平原为腹地，是包括东京、横滨以及川崎、千叶、横须贺等大中城市在内的日本最大的工业区，也是以机械（汽车、精密机床、电子产品等）、钢铁、石油冶炼和石油化工、印刷出版等部门为主的综合性工业区。目前，为保护首都环境，工业部门结构有所变化，冶金、化工等重工业部门或外迁或改建，重工业的比重有所下降。

阪神工业区以大阪、神户、京都等城市为中心，形成以钢铁、造船、石油化工等重工业为主体的综合工业区，成为日本第二大工业区。

名古屋（中京）工业区以名古屋为中心。第二次世界大战后，重化工业迅速发展，改变了过去以轻纺工业为主的结构。主要工业部门有汽车、造船、钢铁、石油化工等。

北九州工业区以北九州市为中心。这里曾是日本第一个钢铁工业基地，第二次世界大战后地位下降，但钢铁、化工在全国仍有一定地位。

濑户内海沿岸工业区是日本新兴起的工业区，是以钢铁、造船、石油化工为主的工业地带。该工业区是利用优良港湾、便于填海造陆、地质基础坚固、少台风影响等条件而发展起来的。这个工业带的福山有世界最大的钢铁企业，年产钢1600万吨左右，其工业产值已超过北九州工业区。

二、日本主要重工业概况

1. 金属工业

金属工业的中心为钢铁，钢铁是建筑、汽车、船舶、电气机械不可缺少的材料。1997年日本粗钢消费量8600万吨，人均685公斤。1998年日本粗钢生产量9355万吨，继中国、美国之后列世界第3位。在特种钢等高附加值钢铁产品方面，日本的技术在世界上名列前茅。20世纪80年代以后，由于日元升值，日本钢铁原料进口增加。1998年日本进口铁矿石12078万吨，其中澳大利亚占52.7%，巴西占21.3%，印度占13.2%，南非占3.8%；进口原料煤6063万吨，其中澳大利亚占50.4%，加拿大占24.5%，美国占7.2%，印度尼西亚占5.9%。2007年日本钢铁出口3648.8万吨，比上一年增长4.7%。

截至1999年7月，日本主要钢铁企业有新日本制铁、日本钢管、川崎制铁、住友金属工业、日新制铁、神户制钢所、北海制铁等。除钢铁外，日本还使用大量铜、锌等金属进行工业生产。

2. 机械工业

机械工业是日本工业的中心。日本机械技术水平高，汽车等运输机械、电视等电器电子机械、照相机和手表等精密仪器、计算机等一般机械闻名于世。近年来，随着半导体技术的发展，性能优良的高科技产品和有利于环保的产品不断增加。

日本的机械产品大量出口。1998 年日本机械出口总额 372678 亿日元，进口 111953 亿日元。2007 年，受日本国内公共设施建设减少和《改正建筑基准法》施行的影响，一些机种销售出现下滑，但随着民用设施投资、二手设备海外需求以及设备更新需求的增加，日本工程机械销售同比增长 16.20%，连续 6 年保持正增长。

3. 化学工业

日本化学工业的发展主要依赖进口石油、天然气等原料进行生产。日本生产的化工产品主要有塑料、合成橡胶、合成纤维、肥料、硫酸、药品、涂料、化妆品、胶卷等。由于化学工业的生产技术和设备水平要求高，因此科研在化学工业的发展中起着至关重要的作用。日本在化学工业的科研方面投入了大量资金。化学工业的进步对汽车、信息和生物产业的发展都起到了巨大的推动作用。

石油化学工业是日本化学工业的重点，化学工业生产的一半是由石油化学工业创造的。最近，随着国际石化产业竞争的加剧，为加强竞争力，日本石化工业不断进行合并和合作，日本石油和三菱石油已合并成新的日石三菱公司。

三、日本重工业的复兴

1945 年日本战败，国民经济崩溃，殖民地独立，不能从殖民地输入粮食和原料，也无法出口技术产品换取物资。第二次世界大战后的日本是满目疮痍，民不聊生，但产经联（日本的民间组织）坚决压制人民的消费需求，坚持把资源投入到重工业中去。一面组织人员攻关，一面向国外用市场敲诈技术。经过 10 余年的艰苦奋斗，日本基干产业的骨骼逐渐强壮，产能亦逐步增长。

为了从残缺的基础上重新站立起来，1946 年日本成立了经济安定本部。继续以基干产业为重点，压制消费。利用西方单向开放市场的时机，大力发展经济。随着重化学工业的逐步恢复，消费品逐步放松管制，1955 年，日本的消费生活恢复到战前水准。日本经济进入高度成长的时代。日本这个时期的增长缘于战前积累的坚实工业基础，如钢铁、机械、航空、造船等，战前已经萌芽的汽车、家电等耐久消费品产业与战后开始发展的石油化学、合成纤维、电子产业均得益于高水平的基干产业。1955年以前，与先进国家相比，日本的重化学工业的比重相对要低得多。1955年以后仅五六年间，以工业总量计，日本成为世界一流的重工业国。1955年的日本一线生产技术是落后的，因为一直处于战争动员状态的工业侧重于少数军用品的生产。但由于大工业体系的通用性，潜在的工业技术水准和劳动力素质其实与欧美没有很大差距，吸收、消化外国新技术的能力非常强。在这种前提下，技术导入并不是简单地模仿和使用，而是消化—吸收—提高。日本这个时期技术的引进非常注重各产业间的关联，逐步把大多数产业卷入技术进步。钢铁业的技术进步提供了质优价廉的素材，促进了造船业和汽车业发展。石油化学的技术基础和引进技术，促进了合成纤维、合成橡胶、塑料的成长。自动机械的出现使制造工程合理化。各产业关联的紧密化，产生了乘数效应。

随着技术引进革新，生产不断扩大，但消费一直受到压制。日本进入大消费时代时已经到了20世纪60年代末，日本的大规模城市建设、基础设施建设则一直等到70年代的田中角荣的日本列岛改造计划。在这之前，日本在外观上还像第三世界国家。

日本战后追求平等和限制竞争，可能损害了效率，但实际上大工业体系的关键点在于纪律性以及相互配合，体现的是集体的成果，个人单打独斗的积极性并没有太大作用。而平等的社会又避免了社会动荡，在压制消费的条件下构筑了安定的社会，有利于人才和技术的积累，实际上达成了非常高的效率。重化学工业是日本的经济基础，无论战前还是战后都受到优先发展，成长迅速。但由于采用的是僵化的计划运营体制，经济效益极其低下，政府因大量开支干预经济而背负了巨额国债，重工业银行因为长期向没有效益的项目投资而导致不良债券堆积如山。就是这么一个从诞生起就不断赔钱的怪物，却是日本富裕的源泉和动力。

在日本，和经济密切相关的组织有两个：政府的经济企划厅（相当于中国的计委）和民间组织——产经联。产经联里的大企业是日本的基干企业，是日本技术的精华和日本经济的基础和骨骼。产经联有个铁律：如果基干工业没有发育好，即没有准备好相应的技术，改善生活是对民族的犯罪，再大的市场需求也得等待。若基干产业出了问题，政府必须出钱修补。

日本重化工业的建立和成长完全违背市场经济原理，与价值规律、比较优势、优化资源配置等理论完全背道而驰。这是因为和其他第三世界国家特别是中国相比，日本没有任何比较优势，只能依靠技术立国。由于重化工业在达到一定水平以前没有经济效益，需要国家大量补助，日本在工业化过程中民众的生活非常困难。大量的人成为天皇的弃民，移民拉美，甚至菲律宾。日本重工业化时期的制造业高度集中在东京、大阪、名古屋、福冈这四大城市圈，尤其是集中在四大城市圈临海部的所谓“四大临海工业地带”。1960 年，仅占日本国土面积 2% 的四大临海工业带占据当时日本工业生产总值的 30% 以上，占国土面积 12% 的四大城市圈更是占全国工业生产总值的 70%。

四、日本钢铁工业

日本钢铁工业曾经是日本经济最重要的支柱产业之一。早在 1901 年日本就建立了拥有炼铁、炼钢和轧钢的钢铁联合企业。第二次世界大战后，日本政府对钢铁工业实施倾斜政策，使日本钢铁工业在 1951～1967 年间得到迅速发展，1973 年钢产量即已达到 1 亿吨水平。从 1993～1995 年，日本一直是世界第一大产钢国。1996 年起，中国成为世界第一大产钢国。2003 年日本粗钢产量为 11051.4 万吨，位居世界第二位。

1. 日本钢铁行业现有公司和企业共约 400 家，这些公司和企业大致可分为三类

（1）大型钢铁联合企业。其中包括被称为五大钢铁联合企业的新日本制铁公司、JFE、住友金属工业公司、神户制钢公司和日新制钢公司等。这些公司形成了日本钢铁工业的核心。

（2）独立或相对独立的钢铁联合企业，如东京制铁公司等。有一部分从属于大集团，如山阳特殊制钢公司等。

（3）小型专业生产企业。其一般只生产或加工单一产品。第二类和第三类公司或企业在原料和销售方面对大型钢铁公司有一定的依赖关系，并保持着千丝万缕的联系。

日本钢铁业不断采纳和应用世界最新技术，同时对将来有可能应用的新技术

不间断地进行开发与研究。比如目前普遍采用的技术有烧结炉的排烟脱硫技术、焦炉采用cdq、高炉炉顶压差发电（trt）、高炉喷煤、废钢预热、各种钢包精炼技术、薄板坯连铸技术、热轧无头轧制技术、交叉辊轧制技术等，使其在技术上、产品质量上以及生产效率等方面均处于世界领先地位。

2. 日本钢铁工业的特点

（1）在钢铁工业的结构改革中，政府根据市场和行业情况及时予以指导，钢铁联盟协调各专业行业协会及时采取措施。

（2）专业行业协会有很强的行业自律作用，重行业利益，并无地方利益的影响。

（3）各大钢铁公司有相对的独立性。尽管动作有快有慢，但措施都很坚决和果断，并有着全行业共存亡的决心。

（4）钢铁联合企业在钢铁工业中仍保持绝对的优势和相应的竞争力。与此同时，适当地发展了短流程工艺。在此过程中政府没有进行过多的干预。

（5）在发展多种经营时，充分认识到必须在与钢铁工业所采用的先进技术相关的领域发展，因此发展得最快的是工程项目领域。

（6）日本钢铁公司与其他日本公司在国外实施项目中所采取的立场一样，相互协调，不互相拆台，也避免相互撞车。

（7）日本钢铁工业结构改革所需费用全部是由民间（企业）负担的，政府没有直接出一分钱，但是在政策上给予了必要的支持，特别是在融资方面。

五、日本钢铁企业的沿海布局

一般情况下，大型钢铁生产厂的选址要遵循经济效益原则，即最大限度地降低成本以及最大限度地增加利润。影响大型钢铁生产厂选址的主导因素主要包括：原料导向型、燃料导向型、动力导向型、市场导向型、劳力导向型和技术导向型。

全球钢铁工业的区位选择历经了三次导向变化。19世纪时，钢铁工业的区位选择主要靠近煤炭基地，这是由于当时钢铁工业属于燃料导向型工业；20世纪初期开始，随着在钢铁生产过程中煤炭相对于铁矿石的使用量逐渐减少，钢铁工业的区位选择转变为靠近铁矿石基地的原料导向型；到第二次世界大战之后，随着全球航运的发展，钢铁工业的区位选择开始偏向沿海地区，这是由资源和钢铁产品的全球性供给和消费决定的。由此，钢铁工业逐渐转变为消费市场和原燃料共同导向型工业。日本太平洋沿岸钢铁工业带正是在这种条件下逐渐发展起来的。而在中国的钢铁生产企业中，除了宝钢集团之外，大多都还处于原燃料导向型工业布局。在目前全球化生产及销售的背景下，日本钢厂的沿海布局面对深水港，基本不需要内陆运输，节省了大量的运输成本，这对生产成本已经降到极低水平上的钢铁工业而言是至关重要的。

六、日本机械工业

日本的机械工业按机械种类大致可分为四大类：一是通用机械，包括锅炉、发动机、掘土机械、建筑和采矿设备、办公设备以及包括机床在内的加工机械等；二是电力机械，包括电动机、供家庭或工业用的电气设备、电视机、录像机、通信设备、半导体设备等；三是交通设备，如汽车、飞机等；四是精密机械，如钟表、光学仪器、测量仪器等。

其中的机床工业有着代表性。机床显示着一个国家的加工技术水平和工业发达程度。日本的机床大部分采用数控装置（NC），技术优良。汽车工业对机床产业的影响是非常巨大的。事实上，国内汽车或零部件生产商直接创造了国内机床产品引致需求的30% ~40%。如果再将汽车工业对通用机械工业（如模具制造工业）和电子机械的相关需求也考虑在内，这个数字会上升至60% ~70%。在日本成为世界最大的汽车生产商之后一年，日本机床行业就成为了世界最大的生产商（1981 年）。正如 Rosenberg 指出的，制造业的发展往往取决于像机床工业这样的资本品工业的发展。因此，要求苛刻的日本汽车制造商极大地促进了日本机床生产商提高其竞争力。

一些机床制造商通过让客户和供应商互相持有资产和确立长期稳定的合作关系来加强双方的稳定性，例如丰田机械（Toyoda Machinery）和东芝机械（Toshiba Machinery）等。直至数控车床受到关注之后，1981 年，三大企业（Yamazaki Mazak、Mori 机械和 Ohkuma）占据了国内大约 50% 的市场份额。这一趋势在近些年发展更为迅猛。20 世纪 90 年代，许多“Keiretsu”相关制造商经历了漫长的经济衰退期，这主要是因为他们往往是为高端客户生产特殊性能的机床，这些机床装备主要是他们自主开发的数控设备。

除了数控设备和伺服电机，机床的组成部件主要还包括主轴、轴承和驱动它们的高速电机、导轨和滚珠丝杠或线性电机，以及一些铸铁部件如床身、立柱和马鞍等。机床的精密度和生产交货周期与这些部件的性能息息相关，也与他们的付款期限和稳妥的配送有关。零部件技术创新的具体表现也会在机床性能的提高中直接反映出来。此外，高质量的铸铁部件也深深影响着保持机床具有良好精确度时间的长短。日本机床制造商通过向日本的顶级精密零部件生产商进行外购获得了极大的竞争优势。

七、日本船舶工业

日本近代造船工业始于19世纪50年代，在第一次世界大战中得到迅速发展。1915年商船产量为4.9万总吨，而在1919年时增至61万总吨，仅次于英国和美国居世界第三位。1914～1922年间，共建造舰艇64艘，共7万吨。战争结束后，造船工业急剧衰落，1934年后又重新膨胀；1944年时有大中型船厂60家，船台140余座，职工近40万人；当年舰艇产量达374艘，共40.8万吨。

1. 战后恢复阶段（1945～1959年）

第二次世界大战后，日本作为战败国，受到政治和经济的限制，舰船生产一度停止。

战争刚结束的前两年，日本造船工业作为军火工业，由美国当局接管，解散了4家海军船厂，其他船厂也纷纷倒闭或缩小规模。1946～1949年间，产量仅有10万总吨。1947年以后，美国对日本的政策开始缓和，放宽了对造船的限制，并通过向日本船厂订船及向日本投资的方式帮助日本恢复和发展造船工业。这样，在美国的扶植下，日本利用战后国内外需要大量船舶的有利时机，凭借其工资低、有较好造船工业基础等有利条件，又迅速发展起来。

但是，当时日本在造船能力、技术水平以及船用配套工业方面均不及西欧，建造出口船的竞争力量薄弱。进入50年代后，日本不断提高其造船技术水平，增进设备的自动化和合理化程度，使其建造出口船的竞争力不断增强。

1952年海上警备队（即海上自卫队的前身）成立后，日本舰船工业开始得到恢复。为此，日本造船界作出积极响应：招收具有丰富造船经验的原海军技术人员重操旧业；成立船舶设计协会，大量收集有关资料，开展舰船理论和设计方面的研究工作，并将研究结果提供给防卫厅。

1953年，日本船厂为海上警备队建造了16艘舰船（包括警备舰5艘、大型舰7艘），共计9330吨，建造费为116亿日元。

1956年4月，日本第一艘国产护卫舰“春风”号在三菱重工业公司的长崎造船厂建成。当年商船的下水量达175万总吨，首次超过英国，居世界第一位。

1958年，海上自卫队开始实施第一次防卫发展计划。1958～1960年间，根据该计划要求，建造了26艘、计23620吨舰船，总建造费约276亿日元。

2. 迅速发展阶段（1960～1974年）

20世纪60年代是日本造船工业迅猛发展的阶段。针对当时大型油船、兼用船、集装箱船等市场需求，日本加速了设备投资，不断扩大造船能力。1962～1965年的设备投资额为777亿日元，1965～1971年累计达到了2030亿日元，10年间造船能力扩大了3～4倍。1962年商船下水量为218.3万总吨（约占世界商船总下水量的26.1%），1971年增加到1199.2万总吨（约占世界总下水量的50%），10年间船舶产量增加了4.5倍。这个时期正是海上自卫队执行第二、三次防卫发展的计划时期。1962～1966年间共建造31艘、计42052吨舰船，总建造费423亿日元。1967年日本提出促进武器装备现代化和国产化，并提高后方支援能力。1967～1971年间建造了45艘、约5万多吨舰船。

70年代初，日本建造了4700吨级直升机驱逐舰和1800吨级的水滴形潜艇，特别是可载3架反潜直升机的驱逐舰在当时受到各国注目。

3. 结构转换阶段（1975～1989年）

70年代中期开始，由于世界性石油危机的影响，日本商船产量急剧下降（1973年为1750万总吨，而1979年时降至503万总吨，下降了71%）。正处在这一时期的海上自卫队的第四次防卫计划（1972～1976年）也未按期完成，原计划建造54艘、约69000吨舰船，实际上仅建造了37艘、约5万吨。

1979年日本造船工业在短期复苏后，于1982年再度萧条，加之日元升值、南朝鲜等新兴竞争力量的出现，使日本造船业处境困难。

1986～1990年的中期防卫计划要建造35艘、约69000吨舰船，这促进了日本舰船工业的发展。

1996~2000年，日本政府制订并实施“中期防卫力量发展计划”。针对21世纪初日本仍不能拥有核潜艇和航空母舰的现实，他们把发展远洋作战装备作为建设21世纪远洋型海军的关键，使其常规舰艇的总吨位、单舰平均吨位及舰龄、整体作战能力等均处于世界领先地位。该计划规定，5年中建造各种舰艇共16艘，其中4400吨级驱逐舰5艘、2700吨级潜艇3艘、8900吨级两栖登陆运输舰1艘、5400吨级潜艇供应舰1艘。

4. 亚洲金融危机后的发展情况

1997年下半年，日本造船工业经受住了震撼世界的亚洲金融危机的考验，主要大型造船企业的造船产量虽有升有降，但接获新船订单大幅度上升，造船业手持订单储备充足。从总体上来说，各船厂生产稳定，企业利润有所改善。

1997年日本造船产量总体水平仍居世界首位。从主要大型造船企业的造船情况看，1997年日本三菱重工造船产量为142万总吨，较1996年下降26.8%，造船企业排名位于世界第四；川崎重工为66万总吨，较1996年增长57.1%，排名位于世界第七；日本钢管为65万总吨，较1996年增长31.6%，排名位于世界第八；日立造船公司为53万总吨，较1996年下降22.7%，排名位于世界第九。在承接新船订单方面，由于日元大幅度贬值，日本造船工业的竞争力进一步增强，新船订单大幅度增长。根据劳氏船级社公布的统计数字，日本接获各类新船订单643艘，共计1536.2万总吨，占1997年世界新船订单总量的比重达到了42.1%；与1996年水平相比，增长67.7%。1997年日本新船订单的增加部分占世界新船订单增量的比重为47.5%。由于接获了大量新船订单，日本的造船手持订单大幅度上升。

迫于新船订单大幅度增长对造船生产设施需求的压力，为了在不增加新造船基础设施的情况下完成现有的船舶订单，日本造船企业对船舶建造的生产组织方式进行了调整，其中主要措施是采用过去曾被禁止使用的平行建造法。解除对平行造船法使用的禁令，是1996年日本运输省造船工业调整计划的一部分。除此以外，日本一些船厂还计划通过重新启用过去被停止使用的船坞以增加其现有的生产能力。目前，日本中型造船企业已经大量采用平行造船法造船，日本主要大型造船企业也已出现采用这种方法的趋势。三菱重工的长崎船厂、日立造船公司的舞鹤船厂和住友重工的横须鹤船厂已开始采用平行造船法造船。三菱重工在长崎船厂采用平行造船法建造了10艘集装箱船。日立造船公司也将采用平行造船法在有明船厂建造11艘VLCC和几艘巴拿马型散货船，这几艘散货船是日立造船公司为调整生产组织计划从舞鹤船厂转移到有明船厂建造的。石川岛播磨重工和川崎重工将重新开放过去曾被停止使用的船坞或船厂。三井工程和造船公司也开放了它在千叶船厂过去停止使用的3号船坞。

生产效率提高加之滚滚而来的订单，使1997年日本造船企业经营状况有所改善。日本住友重工透露，该公司在截至1997年9月的前6个月中，营业利润增长了150%，达到63亿日元（约合5250万美元）；税前利润与1996年同期水平相比激增640%，达到15亿日元。但销售额与1996年相比没有变化，仍保持在1244亿日元的水平。另外日本钢管公司造船部透露，1997财年该公司销售利润率为5%。从总体情况和主要大型造船企业的经营状况看，1997年日本造船工业取得了重要发展，但日本中小型造船企业由于市场竞争激烈，加之亚洲金融危机的影响，企业发展遇到了较大困难。如日本中小型造船企业中的函馆造船厂陷入经营困境，上岛造船厂也面临倒闭，村上造船厂已向仙台地方法院申请破产。对于日本造船工业来说，面临的主要问题是船价过低，企业难以形成合理的利润率。鉴于这种情况和日本已处于世界造船第一大国的地位，日本一方面努力提高造船生产效率，降低造船成本，进一步增强自身竞争力，保持其现有地位；另一方面在策略上积极呼吁各国限制造船生产能力，试图以此推动船价的上涨。

虽然日本的重工业经历战后的快速发展，已然成为世界上先进的重工业国家代表，日本大型优秀的重工企业有三菱重工、川崎重工、石川岛播磨重工业、日立造船、三井造船、住友重机械工业等。但是由于日本自身在资源上的依赖，80年代后日本正式提出“科技立国”的战略方针。日本科技的发展已经促进了日本产业结构的大调整和工业布局的变化。调整的核心是使耗能源耗资源多的“资本密集型”传统产业逐步向省能源省资源的“知识密集型”产业过渡。这对资源能源贫乏的日本来说，是一次具有战略意义的重大转变。这方面的调整已见成效。例如，日本的出口逐年增多，但货运量却逐渐减少。这正是产业调整后，钢铁、机械等“重厚长大”型产品产量下降，而“轻薄短小”的电子相关产品产量猛增的结果。

第二节　日本重工行业的特点

一、资源严重依赖进口

日本除鱼类、森林和水力资源较丰富以外，只有少量的矿物资源，如石炭石、铅、铜矿、煤、硅石、铬铁矿、锌、金砂和锰等。为了支撑经济发展，日本在努力推进资源供给多元化的同时，还大力实行各种节能措施，增进资源的有效利用。日本国土狭小、资源贫乏、矿产资源贫乏，除煤、锌有一定储量外，绝大部分依赖进口。日本主要资源依赖进口的程度为：煤 95.2%，石油 99.7%，天然气 96.4%，铁矿石 100%，铜 99.8%，铝矾土 100%，铅矿石 94.9%，镍矿石 100%，磷矿石 100%，锌矿石 85.2%。

二、太平洋带状重工业分布

由于资源匮乏，日本重工业发展严重依赖进口。同时由于日本位于太平洋西岸，是一个由东北向西南延伸的弧形岛国，西隔东海、黄海、朝鲜海峡、日本海，与中国、朝鲜、韩国和俄罗斯相望，领土由北海道、本州、四国、九州 4 个大岛和其他 6800 多个小岛屿组成，故日本又称“千岛之国”。战后新建、新兴的大量消耗原材料的资源型工业，如炼油、石油化学、钢铁工业等全部分布在太平洋带状工业地带填海新陆上，成为临海型工业区的典型代表。如日本钢铁工业，除室兰、釜石钢铁厂与富山特殊钢厂外，新建的 14 个大型厂都集中在临海区，占钢铁总产量的 96% 以上。20 世纪 50 年代末，新兴的石油化学工业百分之百建立在五大工业地带的填海新陆区。这些都成为重要的重、化学工业生产地域综合体。其按地域部门特征形成两个地域类型：一是以炼油为中心的石油化学、钢铁、电力工业型，如东京湾的千叶、袖浦、鹿岛，伊势湾的四日市等；二是以钢铁工业为中心的机械、化学型，如堺、泉北、和歌山、下津、大分、君津等。

太平洋带状工业地带不仅是日本工业、人口、国民收入最集中的地区，同时也是世界工业生产密度最高的地区。如濑户内海与美国五大湖中最小的安大略湖相当，而其沿岸钢铁生产能力为7000万吨，炼油和乙烯生产能力与英国接近。又如日本东京湾，其集中程度更高、生产密度更大，其面积只等于濑户内海的1/10，而两地乙烯生产量几乎相等。东京火力发电能力要比纽约大50%。这样，大约经过10年的时间，在战前四大工业地带的基础上迅速形成了太平洋带状工业地带。

三、日本政府在日本成为世界经济强国和重工业强国的过程中扮演了重要的角色

配合美国对日本的经济改造和扶植，保证两国在经济领域的顺利合作，为两国企业间的合作提供桥梁，尤其是在技术领域的合作。

制定相关政策，保证关键产业和企业的优先发展，政府提供政策和资金上的支持。例如，日本政府认识到汽车工业是一个跨度很宽的综合性工业部门，其发展水平能够反映一个国家的工业发展水平。汽车工业能带动相关产业的发展，具有较强的吸收就业能力，且有较高的需求弹性。所以，通产省为首的“保护扶植论”论点成为主流政见并加以实施，使日本汽车工业迅速发展起来并保持强大的竞争力。

通过采取措施，指导日本工业进行产业升级。日本船舶工业的迅速发展是与政府的大力支持和扶植分不开的。政府为了促进船舶工业的振兴和发展制定了许多法律，并以此为依据，根据各个不同时期的发展需要，适时地制定相应的扶植政策和措施，使日本船舶工业不断提升技术水平，在较短时间内从战争的废墟上重新振兴起来，成为世界造船大国之一。第二次世界大战以后，日本造船扶植政策主要是以“计划造船”制度和提供“出口信贷”制度为核心而展开的。从日本船舶工业的演变可以看到，这两项政策为日本船舶工业的发展作出了巨大贡献。同时政府通过在政策、法律、财政上予以支持，以及相关船用配套工业的政策和措施，使得日本的船舶工业迅速发展。

第三节　日本重工企业管理体制、结构和模式

一、日本管理模式：独特的民族文化内容

日本在短短的几十年间飞速发展，一跃成为世界经济强国，其最关键的因素就是意识成就日本的发展。

1. 忧患意识，立足自我

日本是太平洋上的岛国，人口众多，资源匮乏，这就决定了日本要求得发展，必须有一种忧患意识。正是这种忧患意识使日本在自动化方面更加注重高科技的发展，用高端科技来弥补自己资源的缺乏。日本时时刻刻提醒自己，只有不断地开拓进取才能立足于世界之林，否则，自己将会被世界经济所蚕食，难以在世界上有立锥之地。

2. 教育意识，开发智能

基于忧患意识，日本强化国家基础教育意识，将国家缺乏自然资源的思想意识灌输给国民，一方面增强国民的忧患意识，现实并不太平，时刻会遭受淘汰；另一方面日本人逼着自己更加重视开发“头脑资源”，强化自己的意识，使自己认识到唯有创新才是发展的硬道理。

3. 责任意识，责无旁贷

如果说日本对国民的教育意识为自动化注入了动力，那么日本政府的责任意识使日本自动化如虎添翼。日本在谋求更大的发展时，无不对现实面对的问题进行深刻的思考，并大刀阔斧地进行改革。为增强其在国际上的竞争力，日本谨慎而有序地进行着新的经济制度调整，为企业的发展创造了更多的发展机遇。

4. 团队意识，精诚团结

世上没有完美的个人，只有完美的团队。“1 +1 >2”的团队效率是任何企业都梦寐以求的。随着自动化进程的不断加快，仅仅靠一个人的力量很难成就一番事业，只有更多的人团结在一起才能暴发出更大的潜能，才能将工作干得更加出色、更加完满。

5. 创新意识，开拓进取

一个没有创新意识的民族，必将被世界淘汰。日本的自动化水平的不断提高，就是其不断创新、开拓进取的结果。

日本的全面质量管理就是让每个员工都参与到企业的各方面活动中，参与到所有企业工作环节的改进和提高之中，通过这种方式，让每个员工都加入到组织中来，形成一种整体的配合和协作。日本的企业非常讲究整体，不突出个人的作用。他们追求团队与组织整体的成功，讲究为了组织整体而牺牲个体。这既是日本社会的风气，也是日本企业最核心的企业文化。正是这种对组织整体的认同，使日本企业在战后能够快速崛起和成功。

二、日资企业的培训制度

在日资企业里面，员工（当然是级别相当于工程师级别）一进去就会有出国的培训机会；公司一般与新进职工签订 3 年合同。

日本岛津仪器在中国有工厂，他们对员工是这样的：

1. 重视员工培训

公司在面试的时候一般不看重个人的具体技能，而是强调基本素质。进企业后一般会签订 3 年合同，在第二年的时候根据各个的表现一般会送到日本培训，一般 2 ~5 周。这就给员工一个发展的机会，这也是留住员工的重要一点。

日本公司一般还会直接从学校里面招收实习的学生。他们非常注重与学校的合作。在不同学校之间，企业认为好学校的学生比较好，更加愿意优先录用。他们对学生的综合素质要求也比较高。

2. 注重内部提拔

在日本企业里面，当有一个新的工作岗位的时候，一般会尽量培训已有的员工，通过内部调节来满足需要。

在日本企业中，外部招聘来的管理人员，无论其能力多强，没有一段相当长的时间熟悉企业内部的制度和体系以及与上下左右建立起密切的工作和个人关系，是很难开展工作的。

第三章

韩国重工业发展现状

第一节　韩国重工业发展现状和前景

韩国的主要重工业生产部门有钢铁、汽车、造船、电子、化学、纺织等，已成为韩国的支柱产业，其中造船和汽车制造等行业更是享誉世界。

世界钢铁协会2008年1月31日发表的统计数据显示，2007年韩国粗钢产量达5131.2万吨，首次突破5000万吨，居世界第五位。韩国钢铁年产能到2010年将达7053万吨。韩国2008年投资7.49万亿韩元用于钢铁厂建造和改造。从2002年开始，韩国粗钢产量以4539万吨力压德国，首次进入粗钢产量世界前五强。2003年、2004年、2005年、2006年的产量分别达到4631万吨、4752.1万吨、4781.2万吨、4845.5万吨，一直位列世界第5位。韩国浦项钢铁公司是世界第2大钢铁联合企业，汽车产量317.8万辆，居世界第6位。2003年1~9月，韩国船只订货量标准货船吨数2633.5万吨，居世界第1位。

韩国机械产业振兴协会的调查结果显示，2005年韩国机械业产值达到214万亿韩元（约合2046亿美元），将比2004年增长6.4%；出口金额达到731亿美元，同比增长6.4%；进口金额将达到525亿美元，同比增长3.5%。2008年韩国机械对外出口金额达到1287亿美元，同比增长12.2%；机械产业的进口金额达847亿美元，比2007年增长14.2%；全年的机械对外贸易进出口总额首次突破2000亿美元，达到2134亿美元；机械产品外贸进出口顺差也达历史最高纪录的440亿美元左右。

韩国造船业以现代重工、大宇造船海洋公司及三星重工为龙头，2004年订单量达到1730万吨（日本为1220万吨），韩国已经连续两年位居世界第一位。随着韩国造船企业控制了新一代船舶液化天然气运输船的市场，韩国造船业在世界上的地位也在迅速升高。在船舶承造和招标中，韩国已将过去50年来一直高居领先地位的日本远远地甩在了背后。韩国造船业之所以能够在钢材等原材料涨价的情况下仍位居世界前列，其重要原因之一就是把液化天然气船以及超大型油轮等具有高附加值的船舶作为开发重点，并采取了一系列新技术来完善生产工艺。2004年，韩国国内造船企业独揽了全球七成以上的液化天然气运输船订单。为了完成积压的订单及时交货，各个造船企业还制订出各种提高生产效率的方案，并不断加以创新和改进。

为了增强韩国的经济竞争能力，韩国政府采取了诸如实行浮动汇率、提供短期出口资金、简化海关手续和鼓励外商投资等重大措施。韩国的第一个经济发展五年计划（1962~1966年）的重点是为工业化打好基础。这一计划成功地开始并加速了韩国产业结构的调整，将韩国自给自足的农业经济发展成现代制造业和出口贸易经济。在其经济增长过程中，韩国实现了全面工业化。

韩国的第一产业在整个产业结构中所占的份额由1970年的31.5%下降到1980年的15.7%，并进一步下降到2003年的4.1%。然而，制造业所占的份额却从1970年的14.7%上升到了2003年的33%。

在韩国经济增长中，最初领先的是劳动密集型的轻工业，特别是纺织业。此后，轻工业逐渐被占全国制造业产值一半以上的重工业和化学工业替代。例如，随着光阳第三座高炉于1990年12月竣工，韩国成了世界主要产钢国之一。

韩国还生产各种工业机器和设备。韩国的造船和汽车制造业都已达到了巅峰时期。现在，电子工业是主要增长部门，是日益重要的创汇企业。

韩国是当今世界上第六大汽车生产国。为了满足日益增加的燃料需求，韩国在沿海地区发展了由多家大型炼油厂支持的大型石油化工联合企业。

近年来，为了调整产业结构，韩国政府和财团不断增加对制造业的投资，特别是在信息和通信技术方面的投资。政府通过扩大诸如铁路、公路、港口和机场等基础建设项目，使建筑业方面的投资不断增加，从而使得韩国机械制造业迅速发展。这种政府领导的投资，同私营部门对新住房、办公楼和厂房建设的要求相互结合。

第二节　韩国重工行业的特点

一、资源匮乏，依赖进口

韩国的矿产资源较少，已发现的矿物有280多种，其中有经济价值的50多种；有开采利用价值的矿物有铁、无烟煤、铅、锌、钨等，但储藏量不大。由于自然资源匮乏，韩国的主要工业原料均依赖进口。

二、政府推动

在20世纪60年代，韩国政府开始致力于经济建设。虽然人力丰富，但是资源匮乏，于是韩国以日本为榜样，借鉴其从轻工业入手开展经济建设的道路，着力在服装等轻工业领域发展。经过10年时间，到了70年代韩国逐渐把从轻工业中积累的资本、企业家能力、良好的人力资源投入到化工、钢铁、造船等产业，开始向重工业转型。同时，70年代韩国与朝鲜的对立逐渐紧张，更加剧了朴正熙政府准备战争、发展军工的企图。在整个重工化过程中，政府采取各种优惠手段激励民间企业参与，民企的重型化与国家的重工化始终紧密结合，之间并无脱节。韩国友利金融集团前总裁、韩国金融计划标准委员会主席尹炳哲（Yoon Byung Chul）先生总结那段历史，认为韩国政府的特殊作用造成了韩国重工化既不同于西方国家、又迥异于中国的模式。韩国政府一直积极帮助企业，比如进口各种工业材料、降低关税和税收、大量建立道路等基础设施、出台相应的政策法规，甚至如果有企业选中一块地方建立工厂而需要拆迁，政府也会出面帮助劝服居民。这就是现代造船、三星造船等民企在70年代得以成功的背景和原因。

在政府的大方针政策和相关金融支持下，韩国重工业的发展类似日本的发展，大致经历了三个阶段。1972年到1976年，专注于重化工产业。1975年到1979年，实行“政策金融支持”（financial aid by government sector），政府将其

70%的资金投入重工。同时，政府作出决策，把汽车、钢铁、化工、电力等不同的产业划分给经评估认为最适合的企业，并全力支持。1975年以后，大量成立综合商社，这成为大宇、三星等大企业集团以日本三菱为榜样在世界各地扩张的开端。70年代的韩国被称为重化工时代和出口时代，1976年综合商社占总出口比例是28%，1979年达到49%。70年代初轻、重工比例是58:42，90年代末变成20:80。韩国《经济学家》杂志总编辑金光洙（Kim Kwang Soo）先生认为，对于韩国重工业的快速发展和成长，政府在其中最重要的资金支持上起了最关键的作用。具体做法是：通过国有银行、产业银行和进出口银行把不多的居民存款以很低的利息贷给从事造船、钢铁、化工、汽车等产业的企业；同时，政府还向外国借贷资金，而后转借给企业。

在经济发展初期，政府的扶持起到了至关重要的作用。但是事情的另一面却是，政府过度干预就会导致市场机制失灵和企业轻视经济效率。1997年7月爆发的亚洲金融危机曾使韩国经济濒临崩溃，给韩国经济和社会造成了深远的影响。韩国经济界普遍认为，政府过度干预才是导致韩国在金融风暴面前不堪一击的根源。这也直接导致了金融危机爆发以后，韩国政府决定转变职能，由经济发展的具体参与者，逐步转变为政策制定者和协调者。于是政府减少了对企业经营和银行的直接干预，把重点放到规范市场竞争和建立市场机制上。

三、重工国企民营化

在20世纪80年代重工业有一定基础时，政府就该及时退出，把责任分散给企业和市场承担。韩国应在80年代后半期日元升值、美元贬值及日本出口出现问题后便开始进行结构调整，但其错过了这个时机。90年代韩国也没有大的改革动作，导致企业效率不断下降，外资怀疑韩国经济的可持续性。直到1997年爆发金融危机，问题才全部暴露出来。金融危机后，韩国政府彻底认识到本不该代替企业插手市场运作。于是，政府成立临时机构和管理委员会，颁布《国有企业民营化促进法》，开始大规模的民营化运动，把业绩本就普遍低迷的国企出售给民企，并不再以政策、贷款等手段干扰企业运作。韩国政府首先在金融领域采取了推动银行重组、实行银行信息公布制度、向外资开放金融业等措施；并成立了金融监督委员会、金融监督院等机构，对金融业依法进行监督和管理，割断了以往政府、银行、企业之间的三角关系，提高了金融业的效率和透明度；之后，进行产业升级和市场化，促使韩国产业结构向高新技术转型。韩国的重工企业此时也进行了大量的资产并购、重组和民营化。民营化的主要方式是由韩国产业银行等官方机构主持竞价拍卖，以第三方会计机构为企业所作的估价为基础，卖给出价最高者。如果公开竞价中无人愿意购买，则采取面对面交易，由政府选定其认为最适合的企业进行私下协商，并给予买家一定优惠。

斗山重工和浦项制铁就是2000年后国企重工私有化的典型。斗山重工的前身是韩国重工。2000年，政府采取将股份集体出售的方式，由具有百年历史的民营企业斗山集团将韩国重工的国有股份全盘接入，具体金额不得而知。对于浦项制铁，则是政府将其持有的70%股份公开出售给包括其管理层、外国股民、浦项公司、韩国产业银行、普通民众在内的各方，股权极为分散。浦项制铁前副总裁、韩国钢铁协会执行董事吕完九（Yeo Wan Goo）称，因为钢铁是诸产业的基础且需要在产业间公平分配，所以政府明令不允许一家企业或机构购买超过一定份额的浦项股份，不愿意某单一股东完全控制公司。目前，浦项制铁由其管理层打理。

第三节　韩国重工企业管理体制、结构和模式

韩国的现代化过程基本上就是学习和模仿日本的发展模式，两者有许多共同之处，都是在战后美国的支持下迅速成长起来的，都经历了一个大致相同的发展路径——先轻工后重工，都有大型财团或财阀管控大型企业。但是又都结合自身、本民族的特点，建立起了独特的管理模式。在管理体制、管理结构和管理模式上，均具备现代企业的特征。所不同的是，韩国重工企业建立起了自己独特的企业文化。

一、韩国企业文化的背景

1. 家长式权威

韩国对中国的儒学最为尊崇，在李朝时代就把儒教定为国教，形成了儒学化

体制。传统的儒教思想在以家庭为中心方面表现得特别明显。在韩国家庭里，父亲作为家庭的长辈，一定要成为夫人和子女尊敬和效仿的典范，并以其权威来治家。这种家长式的权威行为，直接在企业主和管理者的领导方式中表现出来。他们在管理下属职员的时候，发挥其权限和权威来统治部下，下属也在期待其温情和慈爱的同时顺从他们的权威意识。这样，在强烈的统治和温情兼备的专制领导方式下，在权威式的经营中形成了仁学文化。

2. 主从关系和服从心

传统的儒教思想重视皇帝和大臣之间的义理和忠诚。这种思想对韩国企业中企业主和职员间的垂直权限关系有着很大影响。在韩国企业里，部下服从上级是天经地义的事情；比起水平关系，职员们更重视上下级间的垂直关系。这种垂直的关系意识不仅受权限关系的影响，而且受年龄、地位、身份和相互所属关系的影响。对上属的服从意识是韩国企业的决策结构集中在上位系统的重要因素之一。

3. 从属关系和排他意识

韩国传统文化的又一个特征是，以血缘、地缘及学缘为中心的从属关系和排他意识在对人际关系、集团间的相互关系以及权力结构的形成方面起着决定性的作用。这种从属意识和排他主义是受以家庭为中心的传统儒教思想影响的结果。儒教思想给崇尚前辈和对家长尊重以及以直系亲属为先的亲疏意识以巨大的影响。两班和庶民、高学历者和低学历者的差别，给传统的社会阶级意识、地位和身份意识以巨大的影响。

4. 所有制与经营结构

在韩国，以传统的长子优先的制度为中心，长子继承企业的所有权。这种制度使所有权集中在创业主的家庭，这是形成集权制经营结构的重要因素。另外，从历史来看，韩国的民间资本很有限，企业资本又集中在少数富有阶层，使企业不得不依赖银行。形成这种经营结构也与政府对企业的干涉有关。

二、韩国企业的文化特性

1. “能做”文化

韩国企业最具代表性的文化便是“能做”文化，它强调了代表很多企业成员的富有积极性和挑战性的共有价值。韩国企业之所以能在短短的30年里取得高速的发展，是因为很多产业部门都具有大胆投资、冒险向海外进军和在短期内取得成绩的强烈愿望。特别是在目标的确定方面，没有哪个国家的企业能和韩国企业的高标准相比，而且没有一个国家的企业能像韩国企业一样为了达到目标而不惜一切代价。

2. 勤勉的劳动意识

企业成员认真的工作姿态、勤勉的劳动意识是韩国企业文化的一个重要特征。韩国企业的劳动时间最长，已广为世人所知。长时间劳动不仅适用于劳动者阶层，而且在高层经营者和一般管理者阶层中也一样适用。早晨7点开始召开干部会议、晚上8点以后管理人员才下班的企业，比比皆是。在韩国，既有早晨6点参加教育节目的经营管理人员，也有晚上6点以后参加教育节目的管理者。

3. 高度集权的组织结构和权威性管理行动

高度集权的组织结构和高层领导的权力体制以及权威性管理行为，是韩国企业文化的又一个特征。正如《第三次浪潮》的作者阿尔宾·托福勒（A. Toffler）所指出的那样，韩国企业虽然适合第二次浪潮即以大量生产为中心的产业社会，但在以个人的创意性和开放性为基础的第三次浪潮即信息化社会里，是不适合的。

4. 年功序列（论资排辈）和仁和主义

年功序列和仁和主义是另一个韩国企业的文化特性。在韩国企业里，在激励和提升方面存在着论资排辈的现象，在上下级和同事之间要尽量做到圆满和谐。

三、韩国企业的管理模式

1. 政府较注重对宏观经济的控制与管理

从1962年开始，韩国政府对经济发展实行计划指导，组织制订五年计划，并根据发展计划来制定各种经济政策和管理措施。韩国在维持和处理上下级关系上，依靠的是儒家文化所看中的中央集权动员体制。韩国学者们认为，这种体制的动员力量比西方个人与个人、集团与集团之间互相抗衡的社会要大。将这种力量政治化以后，可沿用于经济的发展。

2. 企业重视企业论理的塑造

在人力资源的管理上，韩国的许多企业十分重视企业伦理的塑造，注重伦理道德的教育和培养，从而形成守纪律、讲服从和步调一致的强力型组织文化。在业绩评价和奖励制度上仍然存在论资排辈的现象，而且组织成员的阶层构造一般与他们的年龄及工龄有着密切的关系。同事之间维系圆满的人际关系，又是韩国企业共同的行为倾向。近年来，在经营合理化过程中，虽然强调能力、经营业绩以及进取心、创造性，但是传统的论资排辈的奖励制度仍然主导着韩国企业的文化。

3. 企业的组织结构表现为家族式企业的组织形态

1954 年战争结束后，韩国致力于建构足以诱导经济发展的法律和行政体系，鼓励其企业运用从西方传入的科技知识经营管理、追求利润。在组织结构方面，韩国企业具有家族所有、规模偏小、结构简单、任人唯亲、关系取向等特点。

4. 领导作风的权威性和高度集权制

在领导的方式方面，温情和专制是管理者的方式特征，家族企业经营者通常采取权威式的领导方式。为了维护自己的地位，经营者通常不喜欢属下比自己更有才干。许多重要的决策也往往由担任要职的家族成员商议后制定。不属于家族成员的干部，通常只有执行命令的义务，而无参与决策的权利。这种高度集权的组织结构和权威性的管理行为，抹杀了员工的积极性和创造性，不能充分发挥员工的聪明才智。这种领导方式和年功序列、仁和主义以及重视企业成员之间关系的企业文化特征是一致的。

5. 企业的成长模式

企业注重不断的扩张，以大规模生产经营为中心，形成量的规模成长；技术方面，从国外引进较先进的技术，靠模仿起家的中小企业比比皆是。在“能做”文化的影响下，不少韩国企业不顾自身的条件和能力，盲目地、章鱼式地扩张，造成巨大的人力、物力浪费，债台高筑，在 1997 年的经济危机中纷纷倒闭。这种管理模式在过去的 30 多年里，为韩国经济的发展起到了举足轻重的作用。但是随着 20 世纪 90 年代世界经济环境的快速变化，要求其组织文化有一个相应的开发与改革。韩国这种强力型的组织文化在变化的时代里成了前进路上的绊脚石，最终成为经济危机的重要根源之一。不过，经过几年的经济改革，社会各阶层全面开展了民主化，企业进行了机构改革，并积极与国际接轨，韩国企业从企业文化方面进行大力改革，寻找到了适合自身发展的企业文化，终于从经济危机中解脱出来，取得了可喜的成绩。

第三部分

中国重工行业面临的机遇与挑战

第一章

中国重工企业面临的挑战

第一节　中国重工企业的现状

随着工业化的进一步发展，我国的轻工业目前已经发展得相对成熟，成为世界的工厂。我国现在正在面临着新的产业结构调整，重工业的快速发展必将拉动我国的经济发展和工业化新的腾飞。

工业化的本意是产业化，是各个产业不断从传统经济中产生、发展和壮大的过程，产业结构演变和升级是工业化的显著特征。在工业化过程中，一方面工业比重呈上升趋势，另一方面工业内部结构不断发生变化。经济学家们的研究表明，从一个社会的整个生产结构来看，工业化的主要特征是资本品（以生产工具为主的生产资料）的相对增加以及消费品的相对减少。根据资本品生产与消费品生产的关系，工业化过程可以划分为消费品工业占优势、资本品工业相对增加、消费品工业与资本品工业平衡且资本品工业渐占优势地位的趋势三个阶段。随着科技进步，重工业产品不仅作为投资品，而且用作最终消费品（如家用电器、汽车等耐用消费品），重工业化率不断上升，投资品工业在工业中的比重显著增加。从20世纪末开始，我国重工业呈现加速发展态势，重工业增加值占工业增加值的比重由1998年的60.22%提高到2004年的67.58%；2006年重工业比重已经上升到70%，比2002年提升了7.4个百分点，年均重工业比重上升也超过了2个百分点。从各国工业化的历史经验看，到工业化基本完成期，重工业的比重一般都会上升到占工业总产出3/4的水平，也就是说，在未来20多年内，中国的重工业比重还会继续上升。

一、机遇

中国工业化进程走了一条不同于西方发达国家的道路，具有明显的特殊性，它是在人均收入水平很低的条件、市场化落后的条件下迅速推进的；是由政府发动，通过工农业产品筹集资本，以大量消耗资源的粗放型增长为主的经济效益差的道路。中国在经历了先重工业化、轻工业化的发展道路后，现在正进入一个重新重工业化的阶段，给我国经济的发展带来了新的机遇。

重工业发展带来高增长率。由于重工业具有附加值较多、技术含量较高、中间产品比重较高（或专业化分工程度较高）、需求潜力较大、消费升级周期较长、产业链较长、产业带动力强等特点，因此，重工业化常常伴随较高的工业增长速度和经济增长速度。英国、法国、美国、德国等发达国家在轻工业大发展的工业化早期（1860~1880年），工业总产值年均增长3.2%；在重工业大发展的工业化中后期（1890~1913年，这一时期也是第二次产业革命时期），工业总产值年均增长3.7%。主要发达国家在钢铁、汽车、化工、电力、煤炭等重工业大发展的重工业化时期（1871~1913年），国内生产总值年均增长保持在较高的水平上，比两次世界大战期间（1914~1950年）的增长率高出较多，但比第三次产业革命时期（1951~1987年）的增长速度低。其中，美国在第三次产业革命时期的增长速度仍然赶不上重工业化时期的增长速度。日本在1951~1987年期间是同时推进“重工业化”和第三次产业革命（电子通信、新材料、新能源、生物工程等产业的大发展）。进一步以美国为例，美国工业化的速度一直较快，1860~1900年的40年间，美国工业增长了5.1倍，平均每年增长4.6%。其中又以1880~1890年增长最快，因为这个时期是重工业蓬勃发展、新技术不断出现、资本集中加速进行的年代。1919~1929年短短10年间，美国汽车产量增长了255%，化学工业增长了94%，橡胶工业增长了86%，印刷出版增长了85%，钢铁工业增长了70%。同时期，美国也进入“大众高消费阶段”，汽车、单家独院式的住房、公路、家庭耐用品、高档食品的大众化市场十分繁荣。欧美发达国家重工业的大发展带动了全球的经济增长。据统计，在1870~1913年主要发达国家重工业化时期，全球经济年均增长2.1%，远远高于19世纪的增长率。

从发达国家工业化进程的历史经验中，我们可以看到，重工业化是工业化进入中后期阶段工业内部结构演变的一般规律，当工业化进行到一定阶段后，消费结构升级，对资本品工业的需求越来越大；同时技术进步和资本积累使得发展资本品工业的供给条件越来越好。主要表现为，资本品工业在整个工业中的比重不断上升，消费品工业的净产值与资本品工业净产值之比不断下降。发达国家工业化进入中后期阶段的演变规律，我们应当认真研究。

1. 我国重工业快速发展的主要动因

（1）市场需求成为主要的推动力量。当前重化工业的迅速发展，一定程度上来说是由于市场的消费需求，更加符合经济发展的规律。近年来，中国的消费结构不断升级，目前已经进入以住房和汽车为代表的重工产品以及电子通信产品的消费周期。新一代的工业消费品和机械装备等设备制造业显示出了旺盛的增长潜力，人们对电脑、大屏幕高清晰彩电、激光视唱系统、汽车等重工业消费品的需求上升，这就要求我们必须及时调整产业结构，围绕着人们的需求来大力发展重化工业。以汽车为例，中国必须大力发展汽车制造工业，提高汽车的质量，以满足中国不断增长的居民对汽车的需求量，而不能只是一味地依靠进口。我们必须发展民族的汽车工业。

（2）我国现在进入了城镇化加速发展的时期，城镇的数量规模较以前都有了较大的发展，而新一轮城镇建设高峰的出现对钢材、水泥、能源、电力相关机械设备的需求急速增加，客观上也就促进了我国重化工业的迅速发展。城镇化加速发展与重化工业的发展是相辅相成的：一方面，重化工业的发展为城镇化提供了产业支撑；另一方面，城镇化为重化工业发展提供了空间支撑，重化工业的发展离不开城镇化的聚集效应。

（3）改变我国制造业的落后面貌、满足我国基础设施的建设必须大力发展重化工业。装备制造业是重工业的核心，是实现工业化的重要标志之一。现阶段我国的装备制造业还相当落后，许多先进设备、关键零部件、核心技术仍然要依赖进口，要想大力发展振兴我国的装备制造业，完全依靠进口是不可能也不现实的，因此现阶段发展重化工业是十分必要的。此外，基础设施建设对重化工业的发展形成了支撑。一个国家的基础设施建设是实现工业化的前提。由于重化工业所需原材料和能源较多，对交通运输等基础设施的依赖性比较大，而近几年我国实行的积极的财政政策和稳健的货币政策为重化工业的发展提供了资金支持，建成了一大批交通、能源、通信、水利等基础设施，为今后重化工业的发展提供了支撑。

（4）中国现在发展重化工业已经不同于当初计划经济时期由政府在不计成本地驱动，而是转变成了民营、外资和国企三部分共同参与。最具代表性的是民营资本开始进入重化工业，为重化工业的大发展带来了新的活力。民营企业经过多年的发展，已经逐步积累起了进入重化工业的“门槛资本”，开始进入以前由国有大中型企业“一统天下”的重化工业。这次重化工业重新大发展是市场机制在产业结构调整中开始发挥主导作用的背景下推动的，是符合市场经济规律的。仔细分析民营资本着重投向重工业的原因，主要还是重工业具有非常高的资本回报率，能够在短期收回成本并取得经济效益，因此可以说是市场的需求推动了民营资本的进入。

2. 我国进入重工业化阶段的主要表现

（1）我国的工业化随着消费结构的升级逐步进入重工业化时期，这是不以人的意志为转移的客观规律。改革开放后，我国经济逐步走上了市场经济的轨道。在这种新的体制背景下，过去20年我国的轻工业得到了长足的发展，人民生活水平逐步提高，消费结构不断升级。最近几年来我国的工业结构开始发生重大变化，重工业比重明显上升，有多种迹象表明我国的工业化开始进入重工业化时期。

（2）近几年来，汽车、钢铁、机械等制造业和房地产、煤炭、电力等制造业前向和后向产业的高速发展，是我国进入重工业化时期的重要标志。根据发达国家的历史经验，重工业化时期往往出现若干高增长的主导产业。因此，我国目前出现汽车、钢铁、房地产等行业的高速发展并不是什么反常现象。不要仅仅根据经济发展短周期规律来采取产业调控政策，而要以积极的态度促进和引导这些主导产业的发展。

（3）最近一段时间开始出现的国内部分地区和部分行业能源和原材料短缺、交通运力紧张、环境保护压力加大等现象，是我国进入重工业化时期的重要特征。发达国家重工业化时期汽车、钢铁、机械等制造业的高速发展，往往伴随着能源工业（如电力、煤炭等）、原材料工业（如矿石等）、基础工业（如交通、通信等）的相应发展。在我国进入“重工业化”之际，出现能源和原材料短缺、交通运力紧张、环境保护压力加大等现象，总体属于正常现象，不必过分惊慌。但也一定要对此高度重视，一方面大力发展国内能源工业、原材料工业、基础工业和环保产业；另一方面与世界上原材料和能源输出国建立良好的合作关系，以弥补国内缺口。

（4）近两年经济增长开始提速，货币需求扩大，是我国进入重工业化时期的重要表现。发达国家重工业化时期都保持了较高的工业增长速度和经济增长速度。在我国进入重工业化之际，经济增长速度有所加快、货币需求扩大，也基本上属于一种正常现象。不能仅仅依据短周期规律来确定经济是否过热，而要结合工业化进入重工业化时期的规律综合考虑，谨慎推出宏观调控政策。

（5）近年来出现的经济增长与就业增长不同步，工业发展与乡镇企业发展不同步，以及由此导致的就业形势和“三农”形势（特别是农村剩余劳动力转移形势）的严峻化，都与我国开始进入重工业化时期有着直接关系。重工业属于资本和技术密集型产业，对 GDP 增长的贡献度较大，但吸纳就业的能力较低，因此与轻工业和第三产业相比，容易出现经济增长与就业增长不同步的现象。近年来我国经济虽然一直在稳定增长，但就业形势和农村剩余劳动力转移形势却日趋严峻。

（6）国际产业特别是资本品制造业开始较大规模地向中国转移，中国正在迈向“世界制造业基地”，也反映出中国工业化正在步入重工业化时期。20 世纪 80 年代以来，国际生产要素和产业不断向中国转移，但在轻工业大发展的时期主要表现为消费品工业的转移。而近年来随着中国消费结构的升级和重工业的快速发展，国际资本品制造业开始大规模向中国转移，最典型的表现是世界各大汽车企业纷纷进入中国。对此，我们要抓住难得的历史机遇，认真应对。

二、挑战

虽然我国的重工行业发展迅速，但是自身存在的问题也日益显现出来，尤其表现在资源瓶颈、重复建设、高能耗高污染上。2004 年以来，我国重化工业的发展带来了包括煤炭在内的资源需求的高速增长，引发了煤、电、油、运的全面紧张。中国资源的人均资源占有量远远低于世界的人均水平。尤其是对工业发展起着重要作用的煤、石油等能源的缺乏，已经成为制约中国经济快速发展的瓶颈。我国对资源的消耗量大，利用效率也十分低下。据有关数据显示，我国每吨能耗实现的 GDP 仅仅为世界平均水平的 30%。因此，资源短缺严重制约了中国重新重工业化的进程，也是中国重新重工业化面临的最大难题。

重工业是对环境影响最大的工业部门，中国重新重工业化势必对环境带来巨大的压力。近年来我国加大了对环境的整治，虽然也取得了一定的成效，但是从总体来看，环境问题还没有得到根本性解决，我国的废水、废气、固体废物排放总量还在继续增加。我国重化工业中有相当一部分企业布点在大江、大河附近或在城市中心区，一旦突发环境污染事故，就会造成重大的影响。因此如何在重工业化的同时有效地防治环境污染，也是我国目前亟待解决的一个大问题。

此外，由于重化工业属于典型的资本和技术密集型产业，资本有机构成很高，虽然对 GDP 的增长贡献率较高，但是与轻工业或服务业相比，其创造的就业岗位和吸纳就业的能力却比较低，容易引发经济增长与就业增长不同步的现象。在许多重化工业企业中，如汽车、机械行业，机械化和自动化的程度越来越高，无人操作的环节和空间越来越多，对工人的知识和技能的要求也越来越高。

1. 资源瓶颈

中国虽然国土辽阔，地表以下的资源蕴藏量却并不丰富。例如中国的国土面积虽然占世界陆地面积的 7%，石油蕴藏量却只占 3%，以资源蕴藏比重与人口比重比较相差就更大。中国以人均计算的主要能源和矿产资源，除了煤炭以外都排在世界 80 位以后，这样就使中国在进入重化工业增长阶段后，不可能立足于本国资源来支持中国的重工业化进程，而是面临着日趋尖锐的资源短缺矛盾，也使中国对国际市场的依赖比以往任何时候都更加强烈。摩根士丹利首席经济学家史蒂芬·罗奇在一篇文章中指出，中国在 2005 年全球工业原材料用量增长中所占的比重是铝 50%、铁矿石 84%、钢材 108%、水泥 115%、锌 120%、铜 307%，而镍更远远超越 307% 的增长水平。从近 3 年看，中国进口的铁矿石已经在世界铁矿石贸易中占有 40% 的比重，在世界新增原油出口中也占有 40% 的比重；而在世界能源与矿产品贸易中，中国已经占有 20% 的份额了。

粗放型的重工业增长方式正日益受到资源瓶颈的约束，钢铁、机械、汽车、化工、有色金属等重化工业的快速成长，加快了我国工业化进程。同时，重化工业加快发展阶段的重要特点是，资源消耗和污染排放量都将迅速增长。我国许多重要资源的需求和国内供给的缺口日益增大，加上国内每创造 1 美元的 GDP 消耗掉的能源为美国的 3 倍、日本的 6.6 倍，重工业发展属于粗放型经济增长模式，这增加了污染排放和对国外资源的依赖程度。而对国外资源的过度依赖，使得我国重工企业随时面对国外资源价格上涨带来的巨大风险。另外，随着各省市许多大型重工业的上马，电力短缺日益严重，伴随重工业巅峰式增长同时到来的就是中国历史上最严重的缺电局面，在一些用电高峰期甚至全国 28 个省市同时拉闸限电。

对待资源瓶颈，要求我们要正确处理重工业与资源的关系。在工业化的过程中，消耗资源是不可避免的。针对我国资源严重短缺的现状，我们必须通过发展循环经济，依靠科学进步，实现资源的再生利用，降低资源的消耗。以改善能源结构为途径，通过开发新能源，寻找替代能源，开发可再生能源和清洁能源，实现能源供给的多元化、多样化和清洁化。

2. 重复建设

目前，在中国重工业发展进程中，缺乏整体规划的重复建设受到质疑。从 2002 年到 2003 年，一些急于重型化的政企，共同的选择即“大干快上”。例如 2003 年，创办铁本公司不足 7 年的戴国芳决定要在长江边上建一个 840 万吨的钢铁项目；而唐山建龙的张志祥其时已经完成了从唐山、遵化、吉林、承德到宁波等地跨区域的扩张；刘永行在山东聊城刚刚签订了一份总投资 15 亿人民币的电解铝项目，其河南三门峡的 105 万吨氧化铝项目也已经万事俱备，他又开始在全国寻找下一个目的地；等等，很多项目积极上马。积极推动产业重型化调整的一些省份，包括内蒙古、江苏和浙江等都成了重点调控的省份。这使得当地政府进退两难：一边是中央政府的红色警戒线，一边是当初与企业一起做的依托重型化扩张的强省之梦。

重工业化并不是要各地一窝蜂地发展重工业，必须要避免低水平的简单重复建设。应该充分发挥比较优势，以老工业基地为重点，发展沿海港口重化工业基地，形成产业集群，降低重工业发展的成本。例如，随着我国重工业的发展，国内的资源供给远远不能满足我国经济发展的要求，我们必须大量依靠从国外进口大量的资源来满足国内生产的需要。因此，发展沿海港口重化工业基地可以降低资源的转运成本，就地就可以进行生产加工。

重工业的发展需要适度，尤其是基础类的重工业必须与深度加工类的重工业同步发展，必须以合理的产业政策为导向，以大力发展装备制造业为核心；重点应该是重工业中的高新技术产业，包括电子信息设备制造、精细化工、机电一体化的产品，而不应该是资源消耗型、环境污染型的原材料重工业。

3. 高耗能高污染

中国重工业的高耗能增长方式始于20世纪50年代的“大跃进时期”。工业化增长战略使重工业作为工业发展的主导力量。1985年，重工业产值在工业产值中的比重达到55%，1990年下降到50%，2004年又高达68%。经济增长和城市化带来的大规模基础设施建设，刺激了对重工业的投资。高耗能的经济增长方式和产业结构导致了严重的环境污染。重工业的快速发展也常常伴随着高能耗和高污染，对环境的挑战日益严峻。

能源开采和利用直接影响环境，涉及空气污染、水污染和生态恶化等环境问题的所有方面，是造成环境污染的首要原因。尽管很难对环境污染影响进行量化，但一些粗略的估计可以说明中国的污染已经多么严重。

环境的日益恶化要求我们要正确处理好重工业化与环境污染的关系。重工业化进程决不能重蹈西方国家“先污染后治理”的覆辙，我们要实行预防为主、“三同时”和过程控制等制度相结合的方法，在促进工业化的同时要把保护环境放在更加突出的位置。要克服单纯以经济指标来考核政绩的不良倾向，把环境作为地方经济发展的最重要资本，把环境评价作为地方发展政绩的重要考核指标。大力推进循环经济，将传统工业化过程中“资源产品—废物”的增长模式转变为新型工业化过程中“资源产品—再生资源”的新的循环模式，实现减量化、再利用、资源化、清洁化、高效化的集约型增长方式。

4. 技术存在差距

在核心技术方面，我国与世界上其他发达国家之间还存在着不小的差距。例如，在机械制造行业上与德国有差距，很多高精尖设备还依赖进口；在航空航天方面，与美国、法国、俄罗斯等均存在着不小差距；在造船领域，与韩国的差距主要体现在高附加值、高技术含量的船体建造上。如何快速培养我国重工企业发展壮大，技术含量的提升成为了一切发展的基础和重要保障。而要提升技术含量，就要求我国的重工企业必须以技术创新为根本，以人力资本为主体，以可持续发展为目标，以全球经济化为条件，不断增强产业自主创新能力，加快技术更新，改造传统产业；尽量淘汰落后工艺技术和设备，尽可能采用先进工艺技术和设备，努力提高科技在经济发展中的贡献率；加大人力资本投入，加强职工培训，提高劳动者素质，提高劳动生产率。必须要注重产品的质量、品种、效益和对环境的影响，以可持续发展为目标，不能片面追求产值、数量、规模、速度而忽视对环境的影响。要充分利用国内和国外两种资源、两个市场，到国外去投资开发更多的资源，开辟更多获得资源的渠道，以满足我国重工业化发展对资源的需求量。

第二节　国际钢铁价格上涨影响造船业

一、铁矿石

全球铁矿石价格是基于全球三大铁矿石生产商与其购买方之间商定的合约价格确定的。全球三大铁矿石生产商分别是：于2001年由两家巨型矿业公司BHP与英国比利登公司（Billiton）合并而成的必和必拓公司，它现在已经是全球最大的采矿业公司；于1962年至2000年间该公司兼并了数家全球有影响力的矿业公司，成为在勘探、开采和加工矿产资源方面的全球佼佼者的力拓矿业公司和世界第一大铁矿石生产和出口商，也是美洲最大的采矿业公司，其产量占巴西全国总产量的80%的巴西淡水河谷公司（CVRD）。中国目前是世界上最大的铁矿石消费国。全球铁矿石价格在2005年和2006年的两个年度中，分别大幅上涨了71.5%和19%；2007财年上涨9.5%，涨幅呈下降趋势。

始于2005年年底的全球铁矿石谈判，在供方三代表（巴西淡水河谷、澳大利亚必和必拓、澳大利亚力拓）与需方三代表（欧洲阿塞洛、日本新日铁和中国宝钢）之间展开。2005年日本新钢铁和力拓谈判铁，矿石价格上涨71.5%；2006年宝钢与必和必拓谈判，铁矿石价格上涨19%；2007年宝钢与巴西淡水河谷谈判，铁矿石价格上涨9.5%；2008年2月，日本新钢铁和韩国浦项与巴西淡水河谷谈判，铁矿石价格上涨65%～71%；2008年6月，宝钢与力拓谈判，铁矿石价格上涨79.88%～96.5%。随着澳方铁矿石长期协议价格的继续“攀升”，钢铁企业的成本也在持续增加，随之我国造船业的成本大幅攀升。

二、钢铁行业

近年来，世界经济经历新一轮高速发展，带动全球钢材需求以每年5%以上的速度增长，国际市场铁矿石和钢材价格也在持续飙升。尽管目前世界经济增长面临更多不确定因素，但钢铁行业在今后一段时期内有望继续保持强劲增长。

从2004年到2006年，世界经济取得了自20世纪60年代以来的最强劲增长，年均增速达到5%左右，为钢铁需求提供了有力支撑。需求增长拉动了国际市场钢铁价格的不断上升。据WSD的统计资料，2002年年初，国际市场热轧板材的离岸价格约为每吨260美元，而到2007年8月已升至每吨580美元，上涨了一倍以上。钢材价格攀升带动企业赢利大幅增长，平均吨钢赢利已超过100美元，成为公认的高赢利产业。原来的“钢铁垃圾股”一跃成为股市上“最具增长潜力”的股票。2004年以来，北美、欧洲和前独联体的主要产钢国家都在增加对钢铁产业的投入，并对现有产能进行现代化改造。特别是俄罗斯和乌克兰，通过改造，其技术装备水平已经有了很大提高。2006年至2013年，全球钢铁生产商计划通过新建和改造现有钢铁厂，使全球年产能增加6亿吨以上。近年来，全球钢铁企业间的并购愈演愈烈。先是米塔尔通过购并原东欧和北美钢铁企业在产能上超过了安赛乐，后是完成了两大“巨人”的合并，从而使已徘徊多年的产业集中度得到进一步提升。安赛乐—米塔尔集团的组建使全球钢铁企业几乎在一夜之间感受到被兼并的压力。自此，通过兼并重组和战略联盟等手段扩大企业产能和实力，已成为现代钢铁企业经营管理所追寻的目标。为了防止被兼并，许多钢铁企业，特别是日本和韩国的钢铁企业纷纷采取企业间的相互持股等策略。此外，日本钢铁企业还在专业产品领域加大了合作。比如，新日铁、JFE等四大钢铁企业联合投资，利用技术优势在全球主要地区建立高档汽车冷轧板厂等。尽管目前世界经济存在一定风险，特别是美国经济放缓会对世界经济产生不利影响，但预计世界经济依然会以相对较高的速度增长。因此，对于钢材的需求还会有相当大的增长空间。

三、造船业

2008年5月，由中船、宝钢、中海三大集团共同出资建造的广州中船南沙龙穴造船基地开工点火。此举不仅标志着龙穴造船基地将拥有更充足的资金支持和稳固的原材料市场供应，而且进一步证明了当今船市的持续兴旺。然而，国家发改委发布消息称，中国船舶工业2007年继续保持增长，但受铁矿石涨价及运输成本上升的影响，造船企业成本面临较大增长。

2007年中国铁矿石进口3.83亿吨，价值337.8亿美元，分别比上年增长17.5%和61.6%；2007年中国铁矿石进口均价为88.2美元/吨，上涨37.5%。受此影响，船用钢材价格从2007年下半年重回升势。截至2007年12月底，6毫米、10毫米、20毫米船板价格分别由当年年初的4543元/吨、4077元/吨和4300元/吨上涨到6100元/吨、5800元/吨和5600元/吨，涨幅分别为35%、42%、30%。

钢铁涨价印证了此前“2008年中国将告别低价钢铁”的预言。不久前，行业“风向标”宝钢集团出台二季度钢价——普板上涨800元/吨。其中热轧上调幅度为20%，冷轧上调幅度为17.7%，船板上调500元/吨，成为国内钢铁价格上涨的导火索。

自铁矿石谈判结果揭晓以来，国内已有50多家钢厂以上调钢材价格来释放成本压力。宝钢上调钢价的“星星之火”，“燎原”了其他钢厂随即进行价格跟进。2008年2月28日，武钢集团上调4月份钢材出厂价，各种产品调价幅度4%~16%不等。此后，上海、天津、广州、重庆等国内主要钢材市场中，冷热板卷市场价格均出现日涨100元/吨的情况。

钢铁价格上涨对韩国和中国均产生影响，但中国受到的直接冲击将更大。因为韩国造船企业可以凭借韩元疲软优势，部分抵消成本上升的负担，但中国企业将直接承受钢铁价格上涨的影响。此外，韩国造船企业拥有不受价格影响的高附加值船舶建造技术，因此承揽项目不会受到太大影响。尤其是在高油价时代，大型油轮和钻探船的订购量会增加，而在这方面韩国造船企业具有优势，因此会比中国压力小一些。

第三节　中国重工企业遭遇成本危机

随着国际原材料价格的攀升和国际原油期货市场原油的不断攀升，我国的重工企业正在遭遇成本危机。具体对重工行业形成影响的成本危机有以下方面：

一、原材料价格攀升

原材料价格的攀升，集中体现在原油价格的不断刷新纪录带来的一系列原材料价格的走高。除了上文提及的在铁矿石方面的近似疯狂的涨幅，国际原油价格的攀升也不断刷新着新的纪录。美国东部时间2007年1月2日中午12点刚过，纽约商品交易所2月份交货的轻质原油期货价格，在电子交易中达到每桶100美元。这是国际油价首次突破100美元的重要关口。2008年上半年，油价继续飙升，先后突破每桶120美元、每桶140美元关口。到2008年7月11日，由于市场担心中东地区局势紧张有可能影响全球原油供应，纽约市场油价创下每桶147.27美元的历史最高纪录。同时，黄金价格也突破了每盎司850美元的28年来历史纪录。原油位于庞大产业链的顶端，居高临下地辐射着它的影响力。

石油号称是工业的血液，在原材料中占的比例相当大，与普通百姓的生活息息相关。石油价格的涨跌将影响其产业链中下游行业，严重影响每个国家的PPI（生产物价指数）、CPI（消费者物价指数）以及GDP（国内生产总值），对石油消费大国（如美国、日本、欧洲国家等）、制造业大国（如中国）以及发展中的大国（如中国、印度等）影响很大。石油价格的涨跌将直接带动粮食、煤炭、建材等整个原材料市场涨跌，影响世界经济格局和产业结构调整。

油价上涨牵一发而动全身，对中国经济来说也是压力难免。中国作为一个经济体，早已融入了世界经济体系中，高油价命题对于中国的考验也与世界各国具有同构性；油价对国内相关行业影响越来越明显，原油价格的上涨压力也会从产业链顶端逐渐向下传导。石化行业最早是得益于油价上涨的，但当油价持续高涨后，下游需求也会受价格抬升而缩减。石化产业链下游的化纤制造业、橡胶制品业、塑料制品业，以基本石化产品为原料，因此，对原油价格变化更敏感。航空、远洋、汽车运输等高耗油产业，将为油价“高烧”所累。以影响最直接的石化行业来说，自2005年以来全行业的持续亏损趋势没有得到扭转。由于油价是能源价格的风向标，油价破百有可能带动市场对其他能源价格上涨的高预期，从而推动煤炭、电力等能源价格的逐步上涨。如果能源价格在石油价格的带动下轮番上涨，就有可能增加全社会经济运行的成本，进而会拖累经济运行的步伐。

国家发改委宏观经济研究院外国经济研究所所长张燕生说，国内的通胀主要是油价和食品价格上涨造成的；而国际原油价格突破100美元，还主要是成本驱动型通胀对中国经济的影响。例如，2008年9月8日，亚洲最大的炼油商中国石油化工股份有限公司总裁王天普表态，“今后一段时间，国际油价仍有可能高位震荡，石化行业竞争态势更加激烈，集团公司在经济效益和资金流及市场保供方面的压力很大。”“这次调整优化本着突出发展主营业务、核心业务、集中财力和物力保重点的原则，对已明确停缓的项目坚决停下来，对正常推进的项目要进一步完善措施，对可上可不上的项目坚决不上。”因此，中国石化集团公司决定，为最大限度降低资金和投资风险，将对今年的投资规模进一步优化压缩。

随着石油价格的攀升，金属矿产、燃料、动力等也相继上扬。例如，仅仅从2002年到2003年，全国钢材价格指数比当年年初上涨7.6%，天然橡胶价格上涨40%，石油价格上涨19%。进入2003年，原材料价格又开始了新一轮的涨势:钢材平均吨价比2002年上涨了数百元；天然橡胶连续数次暴涨，每吨价格最高上涨到了16000多元；原油及成品油价格涨幅在2成以上；国内铁矿石的价格上涨了120元左右；煤炭价格保持了2002年以来稳中有升态势；铜、铝、化工产品等价格也都出现了较大幅度的上涨。原材料价格的大幅上涨，增大了企业的生产成本，势必导致工业品出厂价格的上升，从而带动整个物价的回升。据统计，2003年1~9月，原材料、燃料、动力购进价格上涨4.5%，工业品出厂价格上涨2.4%。

二、国内劳动法出台

2008年1月1日，《中华人民共和国劳动合同法》正式生效施行。这对于以低成本、劳动密集型为发展特性的行业来说，无疑是面临新的考验。2008年，中国劳动力的廉价时代正式终结。制定新劳动法的目的就是，“完善劳动合同制度，明确劳动合同双方当事人的权利和义务，保护劳动者的合法权益以及构建和发展和谐稳定的劳动关系”。而它的出台和实施，也确实堵住了很多用工漏洞，使企业不得不依法办事。那么，在劳动者利益获得保护的同时，新劳动法实施带给行业最直接的表象就是人力成本大幅上涨。对于我国重工行业来说，虽然相对于轻工业机械化、自动化程度较高，但人力成本的增加也是个不容忽视的问题。如何应对人力成本的增加，需要重工企业在人力资源的管控、薪酬绩效等方面有所作为。

以上两方面的影响，使得我国重工业普遍面临着较为严峻的成本形势：一是国外大环境原油、矿产等原材料的持续高价位；二是国内用工成本的相对提升。

第四节　中国重工行业如何追赶世界领先技术

轻工业只能富国而不能强国，一个国家竞争力的强弱更主要的是看它的重工业的发达程度，尤其是装备制造业的发达程度。当今世界公认的强国无一不是重工业发达的国家。俄罗斯虽然经历了15年前的剧变，国力大损，GDP由30年前的世界第二暴跌到前十以外，但俄罗斯的硬实力依然无人可以小觑，原因就在于其发达的重工业体系。

重工业的特性决定了它的重要战略意义：第一，重工业大部分与国家安全密切相关，所以产业转移的规律不适用于重工业，朝阳产业、夕阳产业的解释也同样不适用于重工业。这就能解释为什么钢铁和造船业被公认为是夕阳产业，但美国和很多欧洲国家仍然保留着很强的钢铁和造船能力。第二，重工业的很多子产业是技术密集、知识密集的产业。这些产业的上下游关联能力、带动能力极强，一旦产业转移，那么其损失是巨大的。新中国成立后毛主席制定的重点发展重工业战略是非常英明的决策，正是依靠着这不怎么厚实的底子，中国就发展出了自己的航天产业、自己的基本还算完备的军工产业，保障了军队武器大部分自给，保障了国家安全。一个国家的竞争力强弱取决于重工业的强弱，而重工业的强弱很大程度上取决于重工行业所拥有的技术水平如何。

若技术上与国外老牌重工业企业仍然存在着较大差距，中国重工业如何追赶世界领先技术？那就要以市场换技术。面对国内在重工行业某些领域上的技术与国外差距过大或者甚至还不掌握技术的情况，现阶段最为合理的方式就是采取以市场换技术的方法，通过捆绑招标，促使外国公司与国内企业合作，向我国企业转让技术。

在市场换技术方面，“三峡模式”是个成功典型。1996 年 6 月，三峡工程左岸 14 台机组招标文件发出时，我方要求：投标者与中国有资格的制造企业联合设计、合作制造，并向中国制造企业转让技术；中国制造企业市场份额的比例不低于合同总价的 25%，后两台机组以中国制造企业为主提供整台机组。专家称，引进技术、分包制造、进行技术培训是我国企业掌握引进的核心技术的重要环节；在技术转让标书中，要求外方转让设计源程序，才能使我方通过外方技术转让把技术真正学到手；项目实施中，我国企业可以派人参加试验、联合设计和技术转让培训；在中方计算机上的转让软件与国外计算结果相同、顺利使用一年并验收后，中方再支付技术转让费。

通过这种模式，两家中方企业在开展三峡机组科技攻关的基础上较好地消化了引进的技术，具备了自主开发设计制造大型水电机组的能力。在已经发电的前 6 台机组中，每台都有这两个企业制造的主件；在左岸 14 台机组中，国内制造厂完成 10 个；而三峡右岸 12 台机组选定前 4 台国际招标的方案中，中国企业都具有了投标资格，并参与了水轮机模型转轮的同台对比，确实提高了我国水电机组制造业的国际竞争力。

对于国家急需但目前国内还不能掌握的、开发时间长且投入费用高的重型机械产品，市场换技术是个很好的模式。但是需要清醒地意识到的是，有些技术是市场换不来的。如重型燃气发电设备，我国 2002 年通过 23 套捆绑招标，使外方转让了 75% 的制造技术，然而设计技术是无法转让的。因此，在今后重工业发展中，一方面，我国企业应该加强与先进国际企业在各方面的合作；另一方面，要变被动为主动，加强自主研发能力，提升技术水平。只有这样，才能彻底改变我国重型机械设备等重工领域依赖进口的局面。

首先，必须加大科技投入、加速企业技术开发中心建设，逐步使企业技术开发中心从一般的产品研发和工艺技术的改进，过渡到加快发展自主技术，为企业发展提供前瞻性技术储备，促进企业技术升级。要大力推进产品创新，建立以主导产品为核心、自主知识产权为支撑的企业发展战略，促进技术升级，加速产品更新换代，培育自主品牌，创建世界名牌，持之以恒，力求有所突破。

其次，必须正确把握引进技术和自主创新的关系，积极利用合资经营、合作生产的技术溢出效应，坚定不移地把立足点从过多依赖国外技术转移到主要靠自主创新上来，加快对引进技术的消化、吸收、再创新。开发具有自主知识产权的核心技术，培育重工行业的自主创新能力。同时，需要总结多年来反复引进、重复引进、“以市场换技术”的经验教训，把着力点放在对引进技术的消化、吸收和再创新上，使我们能够通过引进技术而尽快缩短与发达国家的技术差距，提升产业的国际市场竞争力。

另外，还要注意企业间的联合，大力推进产学研联合攻关和成果推广，集中力量攻克和解决阻碍行业发展、影响技术进步的重大难题。尤其是对一些制约我国机械工业技术进步而国外不可能提供给我们的技术能力，要加大自我培育力度，加速发展自主技术，以满足行业发展和经济建设的需要。

其中可喜的是，我国在某些领域已经取得了骄人的成绩。近年来的技术突破和成果展示如下：

中国第一重型机械集团公司“建设国际一流铸锻钢基地及大型铸锻件国产化技术改造项目”获得国家发展和改革委员会批复。该项目建成后，一重生产等级将由现在的“7532”达到“7654”的世界极端制造目标，即：一次提供钢水700吨，最大钢锭600吨，最大铸件500吨，最大锻件400吨，以满足国家核电、水电、火电、船舶及石化等行业重点建设工程对高端大型铸锻钢产品的急需。

大连重工起重集团公司第一根曲轴加工成功。这是我国大型船用曲轴国产化的又一重要里程碑，进一步打破了少数国家企业垄断大型船用曲轴的局面；手持15兆瓦级风电机组订单超过3000台，使该产品成功批量投入运行，国产化率达到86%；研制的3兆瓦级风电机组也签署了订货合同；鞍钢与一重合作研制的2150毫米热连轧机采用了当代连铸和连轧的最新技术，达到了世界先进水平；哈尔滨电站设备集团生产的100万千瓦超超临界火电机组，是目前世界上功率最大、技术水平最高的火电机组；独立设计制造的三峡右岸70万千瓦水电机组已成功并网发电，是目前世界上单机功率最大的水电机组，标志着我国用6年时间跨越了与国外大型水电装备30年的技术差距，达到了世界先进水平；大连船舶重工有限公司研制的122米自升式海上石油钻井平台，是我国规模最大、自动化程度最高、作业水深最深的钻井平台；在当今尖端的海洋工程设计制造中，大连船舶已跨入世界先进行列；在高档数控机床及数控系统方面，齐重数控自主研制成功的“数控重型曲轴旋风切削加工中心”，填补了国内空白，达到了世界先进水平，使我国成为继日本、韩国、捷克后世界上第四个大型船用曲轴生产国；沈阳机床和大连机床双双进入世界机床行业十强，独立研制成功的“五轴联动数控加工中心”等主导产品已经接近国际先进水平；大连光洋数控在全数字总线数控系统技术方面国内领先，产品已经应用于高档数控机床，得到了用户的认可。

目前，我国各级地方政府充分发挥自身职能，积极为装备制造等重工企业的发展创造良好环境，随着产业结构的不断优化，集聚效应将进一步体现。体制机制全面搞活，我国的重工业一定会加速追赶世界领先技术，并最终拥有自己独立的先进技术。

第二章

国家战略

第一节　产业政策

在能源方面，世界各国的“可再生能源法”、“可持续能源战略”相继出台。我国于2005年通过可再生能源法之后，目前正加紧制定国家能源法。虽然各国的能源战略调整措施不一致，但总体都把重点放在加强需求管理层面，着力提高能源效率、推动能源节约等。2006年，中国经济社会发展条件进一步改善，发展环境进一步优化，实现了“十一五”的良好开局。主要特点是：国民经济增长较快，效益较好，物价较低；产业结构调整迈出新步伐，粮食连续三年丰收；重点装备制造行业和高技术产业发展加快；钢铁、电解铝、水泥等产能过剩行业淘汰落后产能积极推进；节能减排工作力度加大，环保生态建设积极推进，煤电油运紧张状况明显改善。

在土地方面，国务院发布了《关于加强土地调控有关问题的通知》，有关部门也相继出台相关具体措施。包括：认真落实土地管理和耕地保护目标责任制，将包括农业用地以及荒山、荒地等未利用土地转为建设用地，全部纳入土地计划管理并严格进行考核；发布实施全国工业用地出让最低价标准；提高新增建设用地土地有偿使用费收取标准和城镇土地使用税单位税额；将国有土地使用权转让总价款全额纳入地方预算；制定发布禁止用地、限制用地项目目录等。通过土地审批控制，严格控制产业结构和部分行业的过度发展。

在金融方面，人民银行两次上调贷款基准利率、三次上调商业银行存款准备金率，发行定向票据，加大公开市场对冲操作力度，回收银行体系流动性。银监会加强窗口指导，引导商业银行严格控制对高耗能、高污染企业和产能过剩行业、劣质企业的贷款，并及时对部分银行向包括城建在内的建设项目大量发放“打捆贷款”的行为进行整顿规范。

在市场准入方面，国务院发布了《关于加快推进部分产能过剩行业结构调整的通知》，国家发展和改革委员会先后出台了水泥、电解铝、钢铁等11个行业的结构调整指导意见，提高了高耗能、高污染行业和产能过剩行业在能耗、环保、用地、生产安全、技术装备政策等方面的市场准入标准，加大了差别电价实施力度，对在建、新建和拟建项目进行了全面清理和审核，对不符合市场准入标准的建设项目依法依规进行清理和查处。

在外资方面，对出口退税率进行结构性调整，降低或取消部分高耗能、高污染和资源性产品的出口退税率，对部分产品还加征了出口关税，严格控制相关产品出口。调整完善加工贸易禁止类、限制类商品目录，促进加工贸易转型升级。修订外商投资产业指导目录，积极引导外资投向，限制高污染、高消耗、低水平外资进入。

在加强和改善宏观调控中，国家继续坚持分类指导、区别对待、有保有压，在抑制“三过”等突出问题的同时，着力加强薄弱环节建设，促进社会和谐。积极支持东北地区等老工业基地资源型城市经济转型，支持发展高技术产业和装备制造业，组织实施生物工程、新能源、新材料等产业化重大专项。支持大型核电机组、百万千瓦级超临界火电机组、新型船舶等重大装备的国产化，加大节能减排工作力度，组织实施十大重点节能工程。

通过以上一系列的政策调整，保证我国重工业继续健康、稳定、快速发展。

第二节　规划措施

一、强力推进节能减排

对于我国的重工行业，在规划措施方面强力推进节能减排，通过八方面措施加大攻坚力度。

根据国家发展和改革委员会制订的2008年淘汰小火电计划，全国关停淘汰高耗能、高污染的小火电机组1300万千瓦，超过2007年1000万千瓦的目标。我国电力行业2007年每千瓦时供电煤耗下降10克，同比节约原煤4000万吨，折合发电量870亿千瓦时，相当于三峡水电站全部机组投产后全年的发电量。国家发展和改革委员会副主任张晓强表示，淘汰落后小火电机组，改用大容量、能效高、环保燃煤火电机组代替，对于节能减排、建设资源节约型和环境友好型社会、履行国际义务、应对气候变化具有重要意义。

2007年4月，国务院召开全国节能减排工作电视电话会议，温家宝总理在会上发表重要讲话，全面部署节能减排工作。此后，国务院印发《节能减排综合性工作方案》，提出了45条具体工作安排，节能减排以前所未有的力度推进。国务院2007年还批准了《节能减排统计监测及考核实施方案和办法》，建立了节能减排目标责任制。组织部门将节能减排作为对地方党政领导班子和领导干部综合考核的重要内容。例如，天津石化公司烯烃部乙烯裂解炉增加空气预热器改造工程全部投入运行，年节约燃料气量为1820吨，每年可创效182万元。天津市以促进滨海新区的开发、开放为目标，严把技术水平关、资源消耗关、环境保护关，把节能降耗、污染减排和节约用地作为市场准入的强制性条件，把遏制高耗能、高污染行业过快增长作为调整经济结构、转变增长方式的突破口。据介绍，天津市节能减排的目标是：到“十一五”末，全市万元GDP能耗降低20%，确保实现化学需氧量排放总量由2005年的14.6万吨削减到2010年的13.2万吨，二氧化硫排放总量由2005年的26.5万吨削减到2010年的24万吨的控制性目标。

我国2007年颁布实施了有利于节能减排的经济政策，将脱硫机组上网电价每度提高1.5分，下调了小火电机组的上网电价，进一步加大差别电价实施力度；出台了《节能技术改造财政奖励资金管理暂行办法》，对企业节能技术改造项目按改造后实际形成的节能量给予奖励。

在节能减排上，虽然有所改善，但形势依然严峻，主要是经济增长速度过快，产业结构重型化的格局没有改变；虽然通过加大技术进步和强化管理使能源直接利用效率大幅度提高，但形成的节能量被结构重型化所抵消。中央提出，要加大攻坚力度，确保节能减排取得重大进展。这些措施主要包括八个方面内容：

一是强化节能减排目标责任制；二是着力淘汰落后生产能力；三是抓好重点企业节能和重点工程建设；四是完善相关政策；五是加强法制建设；六是积极发展循环经济；七是强化污染防治；八是加大宣传力度。

二、发展循环经济

2006年，中央作出了大力发展循环经济的决策部署，《中共中央关于制定国民经济和社会发展第十一个五年规划的建议》明确提出，今后五年要大力发展循环经济。在重工行业为什么要大力发展循环经济？

循环经济是一种以资源的高效利用和循环利用为核心，以“减量化、再利用、资源化”为原则，以低消耗、低排放、高效率为基本特征，符合可持续发展要求的经济增长方式，是对“大量生产、大量消费、大量废弃”的传统增长模式的根本变革。对重工行业而言，其特殊的产业结构和生产方式使发展循环经济显得尤为必要和迫切。发展循环经济是重工行业缓解资源约束矛盾的根本出路，是减轻环境污染的有效途径，是提高经济效益的重要措施，也是实现可持续发展的本质要求。

循环经济要求经济活动以“3R”为准则。3R即：“减量化”（Reduce），减少进入生产和消费过程的物质量，从源头节约资源使用和减少污染物排放；“再利用”（Reuse），提高产品和服务的利用效率，产品和包装容器以初始形式多次使用，减少一次用品的污染；“再循环”（Recycle），物品完成使用功能后能够重新变成再生资源。

大力发展循环经济，需要通过以下方面加以实施：

一是树立科学的发展观，指导循环经济发展。科学的发展观要求不以经济总量为唯一发展指标，同时需要考虑环境承载力和子孙后代生存问题。因此，重工行业必须“坚持开发节约并重、节约优先，按照减量化、再利用、资源化的原则”切实改变“高消耗、高污染、高排放”和“先污染、后治理”的传统发展模式，采取“产品—资源—废弃物—再生资源”的循环生产过程，走以生态工业为主导的可持续发展道路。

二是从循环经济立法开始，健全法规制度，保障循环经济发展。国家要按照大力发展循环经济，加快循环经济促进法等基本法律的立法进程，制定资源综合利用条例等配套法规和促进资源循环再生利用的专项法规。

三是重工行业相关部门要建立健全有利于发展循环经济、建设节约型社会的财税政策体系，加快制定鼓励生产、使用节能节水产品和节能建筑以及低消耗、低排放车辆的财税政策，完善资源综合利用税收优惠政策，调整高耗能产品进出口政策。

四是在充分利用资源、优化利用能源和保护环境的前提条件下，通过推进科技创新支持循环经济发展，并实现效率和利润的最大化。重工行业要高度重视信息、先进工艺和制造技术在资源开发利用领域的应用，坚持引进技术与消化、吸收、创新相结合，加强资源节约和循环利用技术的科技攻关及产业化。例如，重点组织开发和示范有普遍推广意义的资源节约和替代技术、能量梯级利用技术、延长产业链和相关产业链接技术、“零排放”技术、有毒有害原材料替代技术、回收处理技术、绿色再制造技术等。

五是相关部门加强环保监督职能，完善现有环境管理制度。把推进循环经济与环境管理日常工作结合起来，进一步加大环境执法力度，认真贯彻清洁生产促进法和环境影响评价法，逐步建立生产者责任延伸制度，同时要利用市场机制和法制手段保障这些责任制度得以有效实施。

六是循环经济涉及的是全体公民的利益，必须要有公众的自觉参与，才能把循环经济的法制规范转化为普通的道德准则和广泛的社会行动，因此需要加强教育宣传，引导循环经济发展。通过各种努力，提高广大干部群众、企业经营管理人员对发展循环经济的认识，树立循环经济新观念、新思维，增强发展循环经济的紧迫感和责任感，共同参与到发展循环经济的伟大实践中来。

三、建立资源战略

当前中国经济重工化正处于早期发展阶段，中国重工业发展的最大瓶颈就是资源供应。为了应对资源紧张和价格高涨，除了加紧集约化发展、循环经济和开发应用新技术之外，还是避免不了资源需求的强劲巨量的增加。由此带动的全球资源紧缺和价格暴涨将成为我们发展的危机隐患和巨大成本，这也迫切需要我们制定与世共赢的资源战略。

必须要及时解决资源供应来源地的问题，并与之能够在共赢中共同发展。观察潜在来源地：国内，西部和北方以及海洋都是潜在储存地；国外，中亚和俄罗斯、非洲、澳洲和加拿大、拉美、西亚中东，都是重要的潜在资源供应来源。

首先，加强资源勘探。我们要加强西部大开发的资源经济方向，加强海洋开发。尤其要掀起新的开发大西北国策战略的开展，同时让南海真正成为合作之海。

把开发大西北重新列为战略国策，是继西部大开发和振兴东北老工业基地之后新的时代要求和机遇。这既是满足国家经济整体的需要，也是发展我国周边睦邻友好合作的需要，尤其是对中亚腹地的地区国家。当然，更重要的是促进西北当地经济的发展和人民生活的改善。对西部资源经济的开发，尤其要重视对当地自然环境的保护、改善和建设。还要加强人力资源保护、吸引和培养，培养人文环境，加强人才引进机制。

其次，在国际上，我们首先要加强与中亚国家和俄罗斯的资源合作，加强对非洲的开发，搞好与拉美的资源合作，拉动与澳洲和加拿大的资源经济合作，搞好与中东国家关系。这样，就能坦然面对重工化时代的资源需求。

第四部分

中国重工行业的发展战略

第一章

中国重工行业发展的战略思考

“今后二三十年的时间里，我们国家工业发展的主流将是重工业，而作为老工业基地的黑龙江，要抓住机遇，利用好国家的产业政策，加大国际化步伐。”在2007年康奈国际化战略与中国企业的机遇和挑战论坛上，博鳌亚洲论坛秘书长龙永图在接受记者专访时如是说。

在过去的二三十年时间里，我们国家工业发展的主流是轻工业。目前，我国很多轻工业产品生产销售量占世界总产量的50%以上。比如制鞋业，中国制造的皮鞋已经占世界总产量的60%。类似的轻工业产品还有很多。随着国家产业政策的调整，在今后二三十年时间里，我国工业发展的主流将是重工业。一个企业要真正的做大做强，它必须要走出去，制造全球最具有竞争力的产品。但走出去战略只是我国企业国际化战略的一部分，而不是全部。企业实现国际化，第一个要素是要参与国际竞争。要使你的产品达到国际要求，质量标准、劳动标准、环保标准等都要达到国际标准，这是基本的条件。要主动遵守国际标准，同时还要努力成为国际标准的制定者和参与者。第二个要素是进入国际市场。作为一家国际化的企业，必须要进入国际市场，并且要进入国际主流市场。第三个要素是国际定价，就是我们现在的产品已经逐步有自己的定价权。如果我们把自己在全球市场当中占有的50%产品的定价权控制在自己的手里，那么中国在全球市场的掌控力就会更大。一个企业实现国际化的最高标志就是具有全球知名的品牌，不管是国际标准也好，国际市场也好，还是国际定价权也好，最终将体现在国际品牌上。

中国制造业已经成为全球制造业产业链的一部分，与之有不可分割的联系。中国制造的产品已经占全球市场的50%以上。在轻工产品已经占据全球重要市场的基础上，我国重工业应该积极调整产业结构，积极参与到国际化竞争中，提升产品质量和科技含量，建立国际化品牌，做强做大我们的制造业，做精做细我们的制造业。面对新的机遇和挑战，我国的重工企业必须走国际化道路，在质量标准、品牌及国际市场的开拓上下工夫，这样中国制造将会获得更大的胜利。

第一节　提高中国重工业国际竞争力的对策和思路

中国经济快速发展，中国制造业已经越来越融入了国际化的发展。随着轻工业产品的国际化完成，我国的重工业在经历了国内旺盛需求发展之后，同样需要进一步融入国际化体系，此时如何进一步提高中国重工业的国际竞争力成为摆在我们面前的迫切问题。

一、坚持自主创新——大连船舶重工集团

虽然我国的成本优势在一段时间内将依然存在，但这仅仅是一种短期的透支行为，真正能够立足于国际依靠的是技术和创新。如何坚持自主创新，将中国制造转变为中国设计，将考验我国的重工企业。在技术引进消化吸收的基础上，对于核心技术，坚持自主创新是唯一的出路。通过大连船舶重工和北方重工的自主创新国际化战略，我们可以清楚地看到自主创新在我国重工企业国际化中意味着什么。

1. 大连船舶重工坚持自主创新实现跨越发展纪实

2006年5月，大连船舶重工集团十里厂区洋溢着喜庆气氛。码头上，我国第一座作业水深可达122米的自升式钻井平台“海洋石油941”在这里建成并交付使用。望着凝聚着他们的智慧和辛勤汗水、即将奔赴深海作业的钻井平台，大连船舶重工的人们的自豪感油然而生：这是由大船人自主完成详细设计和技术创新建造而成的、具有当代国际先进水平的深海钻井平台，它全部实现自动控制，一次定位能钻30多口井，钻井深度达到9125米。大连船舶重工不仅为我国海洋石

油资源的开发作出了重要贡献，而且在中国造船史上又写下了浓重的一笔。

2. 创新创出60多个第一

大连船舶重工集团有限公司，由拥有百年历史的原大连造船重工和大连新船重工两家公司整合重组而成。几十年来，大连船舶重工创造了中国造船发展史上60多个第一。它不仅继续保持我国造船业排头兵地位，而且成为世界造船企业第六位。历经百年风雨的“大船”经久不衰的奥秘是什么？中国船舶重工集团公司总经理助理、大连船舶重工董事长兼总经理孙波深有感触地说：“创新是企业赖以生存和不断发展的重要因素。企业要做到可持续发展，必须坚持不懈地走创新这条路。创新赢得未来，只有不断创新，企业才有可能站在中国造船业的最前列，才能进入世界领先行列。”

3. 零的突破

20世纪90年代，能否建造30万吨级以上的超大型油轮是一个国家船舶建造水平的重要标志。1997年，大连船舶重工凭借已具有自行设计和制造世界先进水平大型船舶的能力，参与中东一个国家油轮公司10条30万吨油轮的竞标。当时同台竞标的几个国外船厂都已有建造70~80艘超大型油轮的经历，而大连船舶重工还没有建造30万吨超大型油轮的经验。但大船人迎难而上，坚持两年的谈判，最终靠实力和真诚打动了船东，在超大型油轮建造上实现了零的突破。

随后，要把一纸合同变成完整的超大型油轮，这对从零起步的大船人来说，面临的是一场更为严峻的考验，如何突破设计难关是关键。大连船舶重工选择了“以我为主，与国外公司联合设计”的道路，对引进的先进技术消化吸收，逐步掌握关键设计技术。最后，30万吨船舶的建造质量取得了DNV船级社和船东的高度评价。

4. 打造自主品牌船舶

11万吨成品油轮是大连船舶重工完全以自主品牌打入国内和国际市场的一个成功范例。孙波介绍，这是国内船厂自主开发最成功、最具市场前瞻性的产品之一。1996年首次进入欧洲市场以来，经过不断改进设计和升级换代，始终处于国际领先水平，被国际航运界誉为“中国大连型”、“当代世界船舶的典范”。

靠着自主创新的精神，几年来大连船舶重工自主设计能力有了跨越式提升，并先后在4250TEU集装箱船、11万吨成品油船、30万吨大型油船、7万吨级成品油船、钻井平台等领域形成名牌产品，获得了市场认知度，国内外船东纷纷慕名而来。目前，4520 箱集装箱船已承接了 41 艘建造合同，11 万吨成品油轮承接了 32 艘同类型船，3.5 万吨和 7.6 万吨成品油轮分别承接了 14 艘和 11 艘。建造第一艘 30 万吨超大型油轮后，技术人员迅速消化并掌握了关键技术，并开始了自主设计和建造，现已累计承接了 30 万吨超大型油轮达 23 艘。目前，大连船舶重工在多种船舶建造中形成了品牌化、系列化、批量化生产。

5. 抢占海洋工程建造制高点

进入 21 世纪后，国际油价上涨，海洋工程市场需求旺盛。大连重工抓住时机，走出了一条适合中国海洋工程装备设计制造的创新之路，尤其是在深海钻井平台的设计建造方面在国内确立了优势。2008 年 5 月 31 日，建造成功的 122 米自升式钻井平台，是我国规模最大、自动化程度最高、作业水深最深的钻井平台。中国人第一次站在自己建造的钻井平台上走向深海。在首座深海钻井平台建造中，大连船舶重工突破了多项工艺、技术难关。从合同签订到开工建造，仅用了短短 5 个月时间，打破了国外生产同类产品需一年的纪录。深海钻井平台的成功建造，为大船重工赢得了更大的市场。2008 年 1 月，又与美国诺贝尔公司签订了国内第一座深海半潜式钻井平台的研制，这是目前世界最为先进的深海钻井平台，而世界上能够制造这种平台的企业也是极少数。在当今最尖端的海洋工程设计制造中，大连船舶重工一举跨入世界先进行列。

浩瀚的大洋，百舸争流。新中国成立以来，大连船舶重工先后为国内外船东建造了各类船舶 2700 多艘，一艘艘“中国大连型”巨轮从这里起航，驶向世界。

6. 北方重工靠自主创新开辟国际市场

北方重工沈重集团有两个产品获中国名牌产品，其最新科技成果受到了包括发达国家用户在内的普遍青睐。2007 年 10 月，北方重工沈重集团签下了哈萨克斯坦共和国马泰集团“年产 40 万吨水泥熟料生产线 EPC 工程总承包合同”这个大订单，合同额 2000 万欧元。北方重工之所以能在国际多家竞争对手中脱颖而出，靠的就是以中国名牌产品领衔的一系列先进装备，而外方看重的也是这些。北方重工集团又开辟了一片新的国际市场。

作为老牌装备制造企业，北方重工集团非常注重探索自主创新的路子，他们结合国家有关部门组织的中国名牌产品评选活动，适时提出了创建国内国际知名品牌的发展战略，以创建名牌产品为载体，加速推进自主创新，进一步提升产品的质量、名气和竞争力。北方重工集团对已有核心技术的产品和正在开发研制的新产品进行了统一的梳理，分析利害优长，突出中国名牌等核心技术产品的带动功能，制定出十大类产品的总体发展战略，目标是把北方重工打造成重大装备、高端成套的国际化知名企业。以系列磨煤机和水泥立式辊磨机这两个中国名牌为突破口，在科技投入、用人、分配等领域加大政策倾斜力度，北方重工集团提出今后一年评上一个中国名牌产品。为此，在重大新产品开发上，北方重工沈重集团打破过去的模式，对开发项目采用了承包责任制，明确科技人员的责任和权利，此举极大地调动了他们的积极性和创造性。

在人才培养上，北方重工坚持多元化方式，注重为中青年科技人员成长创造条件，保证“梯队”完整。他们通过院士授课开阔眼界、提高层次；通过出国交流、面对面学习盾构机等国内企业尚未完全掌握的重大装备研制技术，为推进名牌战略和自主创新“加油”充电。

7. 构建产品“梯队”保障名牌战略

北方重工集团不断跟踪国内外重大技术装备领域的需求，展开动态的创新开发，冶金轧钢、大型综采、破碎粉磨、环保、矿山选矿、大型露天矿、中密度板、散料装卸和输送等高端和紧缺的重大装备，都已纳入北方重工自主创新的视野，也是今后争创中国名牌的“后备军”。

通过实施名牌战略来推进自主创新，北方重工沈重集团一大批具有高新技术、高附加值、代表国际国内先进水平的装备产品取得了重大技术突破和市场突破，新产品占年销售收入的比重超过了50%。近三年来，沈重的科技成果转化率已达到90%以上。

沈重的这些最新科技成果受到了包括发达国家用户在内的普遍青睐。例如轧钢精整剪切机组、双进双出磨煤机等成套设备成功登陆美国，年产8万立方米的大型中密度板生产线成套设备出口俄罗斯，1725炉卷轧机成套设备运抵伊朗，日产3000吨水泥成套设备出口巴西，等等。以自主创新产品开道，北方重工沈重集团的国际化战略正稳步展开。

二、集约化管理

集约化管理是现代企业集团提高效率与效益的基本取向。集约化的“集”

就是指集中，集合人力、物力、财力、管理等生产要素，进行统一配置；集约化的“约”是指在集中、统一配置生产要素的过程中，以节俭、约束、高效为价值取向，从而达到降低成本、高效管理，进而使企业集中核心力量，获得可持续竞争的优势。集约化管理主要有三个特征：一是精干而规范的机构与组织，二是标准而快捷的方法与手段，三是集中而高效的服务与效率。

集约化经营管理的主要特性是：

一是质量经营的特征。应把质量经营放在重要位置上，从过去一贯性以“外延扩大”和“争地盘，壮块头”为主的经营思路转向以“强化内涵”和“练内功”为主的经营思路上来，在资产质量、负债质量、管理质量、服务质量等方面上档次、上台阶。

二是集团规模经营的特征。集约化经营要求生产要素相对集中，经营集团化、规模化。因此，“分散、按区划设医院”和“各行其是，各自为战”的局面必须坚决改变。

三是效益、效率经营的特征。集约化经营以提高效益为最终目标，坚决杜绝“高成本、低效率”和“少、慢、差、费”的状况，全力向“低投入、高产出”和“多、快、好、省”的经营目标努力。

四是高科技经营、电子化经营的特征。不断提高科技含量，大力发展计算机网络工程，尽快实现“手工”向“电子化”的转变，实现服务手段电子化是集约化经营的突出表现。

五是人才经营的特征。建立优胜劣汰的用人机制，启用优秀人才参与日益激烈的市场竞争，这是集约化经营的主要特征之一。

其中集团化经营是最基本的要求。通过重工企业的集团化发展，将各个产业和资源整合，各分公司之间达到协同效应、放大效应。在管理上，对集团公司进行管控，包括战略管控、财务管控、人力资源管控、品牌管控、国际化管控等方面。内部构建内控与风险管理体系等内容，打造现代的重工企业集团管控体系，这些内容在下文章节中将详细论述。

三、打造责任竞争力

中国的竞争力战略正在发生变化。出口“廉价和低卫生标准”的商品，支撑中国几十年成功和势头强劲的经济增长。但是，这条发展道路已经在中国和世界其他国家走到了尽头。中国强制关闭了生产污染食品的工厂，强化了劳动法并严厉处罚贪污的高层官员，这些都是变革的标志。对国际社会就环境问题的关注，中国官方的反应是从辩护“这是可持续发展的需要”转变为声称要“承担责任”。中国林业局发布一个手册，其中提到：“积极指导和规范中国企业在海外的可持续林业活动，促进这些国家林业产业的可持续发展，保护中国政府在国际社会上负责任的形象。”

像中集集团、海尔集团和中国远洋运输总公司这样的中国公司，都已经接受了“联合国全球契约”（UN Global Compact）最新发布的“关爱气候”倡议，并承诺把改变气候作为他们长期负责任竞争战略的一部分。汇丰银行最近的一次调查显示，中国是世界上最关心气候问题的国家之一，也是最乐观地相信能够克服气候问题的国家之一。温家宝总理说：中国对气候变化的应对措施将是“对政府责任感的测试，也是中国应该对国际社会承担的责任”。中国石油化工集团前总裁王基铭在联合国全球契约部长级圆桌会议上强调了负责任的企业行为的重要性，他说：“环境保护和可持续发展是企业义不容辞的责任。”

责任竞争力指数要衡量的是在一个国家的经济中负责任的企业行为的程度，以及它在多大程度上以此为基础建立全球市场竞争力。因此，把这个指标与衡量国际竞争力的相关指标进行比较，是非常重要的。

责任竞争力不仅在处理社会和环境问题时要符合道德标准，更要通过负责任的行为获得竞争优势，需要在实践中应用明智的战略。正如阿尔·戈尔（Al Gore）在他为报告所写的前言中强调的那样：一个可持续的未来意味着能对长期绩效作出回报的市场，意味着把负责任的企业行为视为企业和企业管理质量的指导，意味着有助于企业采取正确行动的公共政策和公民行动。

责任竞争力必须能够支持任何一种可持续的未来，而中国必须保证在全球经济中的长期竞争力，这个战略将是它实现可持续未来的关键。不仅对中国如此，对世界其他各国也是如此。市场中有私人公司，也有公众公司，用协作的方法来管理市场，也许可以最有效地获得责任竞争力。就像世界贸易组织（World Trade Organisation）总干事帕斯卡尔·拉米（Pascal Lamy）在报告的开始部分突出强调的那样：责任竞争力融合了前瞻性的企业战略、创新的公共政策以及投入且充满活力的民间团体。责任竞争力涉及创造新一代的可获利产品和商业流程，而这些产品和流程是符合支持更广泛的社会、环境和经济目标这一规则的。

同样重要的是，这也将提高中国企业在全球范围内竞争更高价值链的能力。在这个价值链中，优质的产品可以卖更高的价格。以这种方式增强中国的“社会推动力量”，将加速中国向具有更高附加价值的经济发展方式转变。在国际上，中国可以影响下一代标准，而这些标准将重塑全球市场，使之表现出更负责任的竞争行为。例如中国参与了制定“ISO 26000 社会责任标准”这样的 ISO 工作。在国内，通过《CSC9000T 中国纺织企业社会责任管理体系》，中国已经获得大量经验。中国正在更加深入地参与与贸易和投资相关的“软规则”标准的发起活动，比如“赤道原则”（Equator Principles，有关项目融资）、“采掘业透明度行动计划”（Extractive Industries Transparency Initiative）、“森林管理委员会”（Forest Stewardship Council）以及“多纤维协议论坛”（MFA Forum，有关可靠的纺织品）。中国在多个产业的全球供应链中占据主导地位，这使它具有得天独厚的机会，能够积极“出口”好的实践标准，更健康、可持续地进入国际社会。中国经济将在这个过程中受益，并且创造更广泛的国际利益。

责任竞争力的打造就是为了促进将负责任的企业行为纳入到一国的经济发展战略中的核心地位，也为企业国际化开拓了思路和道路，同时更助长了企业价值链的延伸和高附加值。

第二节　重工经济需突破设计之“门”

我国重工行业的快速发展，在国内诞生了一批具有代表性的重工集团型企业。然而进一步发展的瓶颈却落在了技术和创新上，如何提高技术水平、突破设计之“门”，即我们现在日益关切的能否实现从“中国制造（made in China）”到“中国创造（design in China）”的过渡，显得格外重要。除了在技术水品上继续加大研发力度和深度外，设计同样是不可或缺的一条道路。通过工业设计，更加贴近用户，带来更高的附加值，实现中国制造的完善升级。

工业设计是以工学、美学、经济学为基础对工业产品进行的设计。它是 20

世纪初工业化社会的产物，其设计理念从产生之初的“形式随机能”发展到现今的“在符合各方面需求的基础上兼具特色”。工业设计者的设计构思，应该包括产品的整体外型线条、各种细节特征的相关位置、颜色、材质、音效，还要考虑产品使用时的人机工程学。更进一步的工业设计构想，会考量到产品的生产流程、材料的选择以及在产品销售中展现产品的特色。工业设计者必须引导产品开发的过程，借由改善产品的可用性，使产品拥有更多的价值、更低的生产成本和更高的产品魅力。

美国 ECCO DESIGN 公司总裁陈秉鹏说：“随着大多数产品的技术、制造、市场和分销的逐步同化，设计正慢慢成为进行产品划分的唯一附加价值，并促使产品参与全球范围的市场竞争。”交通工具设计是工业设计领域中重要的一支。在设计交通工具的外型线条时，必须考虑到空气动力学对交通工具运动的影响。然而，最近是否以工业为诉求已经受到质疑，因为大部分的设计都取向于使产品更贴近顾客。其实，对于重工经济中的产品，我们完全可以在实现工业化诉求的基础上更加贴近用户。例如：宇通重工独立研发的包括垃圾压实机、轮式推土机、洒水车等在内的环卫成套设备取得的成功，足以说明先进的技术和卓越的品质是吸引客户的最大亮点之一。他们清楚地意识到国内环卫设备的现状：由于技术上的局限性，设备多为进口，国内生产厂家多数走的是低端路线。因此，打造国内高端环卫技术设备的念头便在他们脑海中萌发。他们做好充分全面的产品调研，首先，着重把握目前市场上所用设备的类型、功能；其次，认真走访用户，了解用户对设备功能的需求和建议；他们还拜访其他环卫设备生产厂家，认真学习和了解行业情况。根据调研掌握的重要信息，团队协力完成图纸设计，在技术上注重设计贴近客户，最终获得最佳设计方案，产品推出获得了很好的反应。

如何突破设计之“门”？制定创新战略，营造创新文化。团队内部关于创新想法的沟通，以及获得具有领导力的创新人才，都是设计创新的动力。但设计管理是其中的关键。只有将工业设计纳入系统化的管理，管理者才可能真正将商业战略转化为公司的执行力，并取得效果。

好的设计管理需要在组织内部解决三个方面的问题：将设计管理的目标同商业战略结合起来；管理好那些产生好点子的设计人才；培育积极应变市场的创新流程和凝聚各方力量的创新文化。

一、从无到有，制定设计战略

对于一家制造产品的公司而言，没有好产品却拥有好品牌的情况是不存在的。如果我们去购买苹果的 iPod 系列产品，会发现从包装到产品本身再到用户界面，每个细节都做得十分优秀，尽管它也是 Made in China。而国内的爱国者、纽曼、爱可视等相似产品，工艺水平虽然相近，但总给人亦步亦趋的感觉。这里面的差距首先是设计战略的差异。好的设计战略应该与企业的商业目标相结合，没有这一步，以后的行动都是对资源的浪费。

然而，制定设计战略绝非一日之功，必须长期投入。换句话说，CEO 的思维不应该仅仅停留在如何控制成本进行设计，而应该长远地考虑如何利用设计提高收益。许多本土的企业家倾向于看到实际的事物再去做相应的投资，他们可以在模具制作上一掷千金，而对前期的设计研究却很少投入，以至于有的国际设计公司帮本土企业做方案，国内老板只乐意付草图的钱，而不愿意为设计研究买单。这导致公司轻视消费者研究，最终造成产品没有竞争力。反观韩国的三星电子，1996 年，三星管理层将当年定为“设计革命年”。2000 年，三星提出“设计驱动型管理”（design-driven management），翌年成立设计中心。在三星的设计战略下，公司通过多种途径提升自己的设计能力。如：与 Design Continuum 等顶级咨询公司进行的众多合作；建立三星创新设计实验室（IDS）；公司的设计人员被派往国外，在时装商店、化妆品专业公司或设计咨询机构待上数月，以便跟上其他行业的发展潮流。

二、使用优秀的设计管理人才

创意产业之父约翰·霍金斯说：“创新，其实主要是如何管理那些能产生好点子的创意人才，然后使得这些点子能被大家认同并且产生效益。”可见，在创新设计管理的整个体系中，人的作用是巨大的。好的设计管理就像完美的交响乐，而承上启下的关键人物是设计管理中的指挥家。

比如，好的“设计指挥家”应该具有娴熟的待人接物技巧和较强的亲和力，能起到“聚焦资源”的作用，能够让集团充分了解设计团队的需求，同时团队成员也很清楚能够获得的资源。指挥家能够针对企业特定的战略，统合相关的资源，理清所有相关应当做的事，加以有序化，并且注入引导、推动的力量，最终达到目标。这就是设计总监的领导力。对于CEO来说，设计总监的人选并不一定是设计师出身，一个创新设计的管理者可以由那些既懂得管理、又有跨学科经验并对设计感兴趣的人来担任。

设计人才应当具备两种素质，一是沟通能力。在日常的工作中，一个优秀的创意，一个历经苦苦思索的方案，往往会在最后的陈述中受到很多沟通和传达技巧的束缚，从而使得评审效果大打折扣。创新领域中的表达，要比普通商务沟通技巧更为复杂。同样一句话，听众会因各自知识体系、价值观等的影响而有多种理解。尤其是对于一种崭新的概念而言，如何通过合理的沟通，进而获得管理层的赞许，并最终得到财力支持，是设计管理面临的一个至关紧要的环节。不然，创意将永远滞留在团队内部，不会产生任何效益。二是团队协作能力。很多工业设计师坚信自己是一名艺术家，而忽视了工业设计其实是一项团队作战的科目，单打独斗带来的结果很可能是产品无人问津。习惯于闷头画草图的设计师，需要同公司其他部门的团队协调，解决资源整合的各种难题。这要求设计师必须了解公司品牌、营销和运营中各个层面的问题，这样才有可能真正将设计战略贯彻到公司的商业目标中。

三、打造创新文化

当走进位于上海标志地段新天地企业大厦五楼的海沃氏创意中心时，你会被迎面扑来的创意工作氛围所包围。鲜艳的色彩、随意的家具摆设，使你很难想象这是一家全球领先的办公家具制造商的亚太区创意中心。事实上，海沃氏一直努力经营着一种创新文化。如果细心观察，会发现很难找到霸气的老板办公室，取而代之的是各个设计师自由的办公桌。员工们会指着角落里某个亮丽幕帘后的某张小桌，介绍说它就是大老板的临时办公区域。在这里，企业所要努力营造的绝不是一般的工作环境，而是一种工作享受。

反观国内的许多企业，领导人不愿意在设计软环境上增加投入，公司的设计人员只是“小美工”而已。而对于外部聘用的顾问团队，老板们更容易根据过往的经验而作出自己的判断，忽视专业的建议。业界的“比稿现象”背后的心态是：“我花了钱，你就得听我的。”老板们会挑选自己喜欢的设计，而非真正符合市场需求的设计。相反，国际企业邀请专业公司的心态是：“我相信你，是因为我花钱了。”但前提是经过了对合作方专业能力的考察。一旦启动合作，就会信任和放手让专业人士去做专业的事。

还有不少本土企业家不理解设计管理的含量，把设计理解为设计师“灵光一动的闭门造车”。其实，在成熟的设计管理中，完整、仔细的消费者研究相当的重要。国际上很多知名设计公司大多采用一种称之为“观察实验室”（observation lab）的方法作为获取灵感的源泉，而不是靠一两个天才的员工偶尔产下“金蛋”。法国迪卡侬公司将其设计办公室设在卖场的楼上，所有的设计师都可以透过玻璃观察到顾客挑选他们的产品时的行为模式和反应，从而记录到相关的消费行为数据。而这些观察，恰恰是他们产生设计灵感的基石。

再比如，在国家调控房地产市场的同时，一些日本家电制造商前来寻求桥中设计咨询管理公司的帮助，他们想了解政策的变化对于特定人群的住宅及其相关需求的影响，从各个城市室内设计风格到客厅、厨房及卫生间的大小、装修风格、购买喜好，甚至墙纸的选择……成功的设计实践告诉我们，只有对用户深入调查，才会有体贴入微的产品。这种深入才是灵感与创造力的源泉，也往往决定着企业的成败。

四、设计将改变中国

出色的设计作品往往不会止步于产品。而好的工业设计应该是产品更容易让客户理解和使用，能够为客户带来更大的空间，还能够把科技变成最具人性化的设计。

比起世界工业设计的多年发展，中国工业设计30多年的发展历史并不长久。1987年，中国工业美术协会正式更名为“中国工业设计协会”，是中国工业设计发展史上的一个里程碑，从此，中国工业设计走上了快车道。2007年更是中国工业设计开创20周年的历史时刻。2007年2月13日，温家宝总理作出重要指示：“要高度重视工业设计。”这表明了我国政府对于工业设计的重视。在政府的大力支持下，工业设计在中国将迎来一个快速发展的契机。

技术创新与工业设计是现今企业产品竞争时的两个重心。在产品同质化日益严重的今天，工业设计理所当然地出现在前台。正如索尼公司前总裁盛田昭夫所说："我们相信，今后我们的竞争对手将会和我们拥有基本相同的技术、类似的产品性能，乃至市场价格，而唯有设计才能区别于我们的竞争对手。"事实上，无论是欧美发达国家，还是后期的新兴工业化国家和地区，都把设计创新列为国家创新的重要组成部分。

工业设计的重要性是毋庸置疑的。据日本的相关调查显示，在开发差异化产品和国际名牌产品、提高附加值、提高市场占有率、创造明星企业等方面，工业设计的作用占到70%以上。1990年美国工业设计协会对企业的调查统计显示，美国企业平均工业设计每投入1美元，销售收入为2500美元；在年销售额达到10亿美元以上的大企业中，工业设计每投入1美元，销售收入甚至高达4000美元。耐克的一双鞋可以拥有几十项专利，设计体现无处不在——既要考虑流体力学，又要涉及空气动力学以及人体工学，穿着它不但舒适，更可以帮助消费者去体育场上创造纪录，这便是设计的创新，这也是一双耐克鞋要比普通的运动鞋价格高数倍的原因；苹果的MP3，凭借出色的工业设计，一举开创随身听产品的新时代，创造了数字产品的奇迹。当今世界，企业只有生产那些既能满足人们物质文化的需求，又能满足人们精神文化需求的商品，才会有市场，才会有好的经济效益。而企业设计的产品越具有独特的文化和高科技，就越具有交流性和国际性，其价值就越高。

日本在20世纪60年代就提出"工业设计立国"，把领先一步的工业设计当作经济快速增长的要诀之一。韩国的IT公司也把工业设计当作企业的核心竞争力，每年都投入巨资进行设计开发，并能够获得丰厚的市场回报。而在中国，我们的工业设计方兴未艾，近20年来，呈现明显的加速度成长。可喜的是，在认识到设计的价值时，中国企业已经在这个领域奋起直追，与国际一流企业的差距在不断缩小。

中国设计创意产业中，工业设计是最具潜力的领域之一，同时，最需迫切发展的也是工业设计。带给我们经济快速增长的"全球制造工厂"的角色，现在已经差不多发展到了极致，而面对中国庞大的制造规模，发展工业设计正是自主创新的一条重要途径。

当"MADE IN CHINA"出现在世界各地的时候，我们也曾欢呼雀跃。但是，当我们冷静下来之后，看到的却是残酷的竞争与重重危机。曾经让我们引以为豪的“中国制造”现在却成了来料加工、无创新、无设计的代名词。改变这一切的方式就是从“中国制造”走向“中国创造”。而从“中国制造”向“中国创造”转变最重要的支撑就是中国设计，一个令人兴奋、承载了无数人希望的词组。企业要想成为自主创新的主体，必须拥有创新性的产品。产品创新很大程度上取决于工业设计的创新。但“中国制造”不是“中国创造”，已经具备强大制造力量的中国企业急需工业设计的“催化剂”。

中国工业设计协会副理事长、高级工程师鲁克定的观点非常有说服力：“工业设计领域存在的问题，不一定是工业设计本身存在的问题。这是因为，工业设计作为产品设计的重要手段，要服务于产业，服务于企业，不可能游离于当前的环境。”从中国制造到中国设计需要多长时间，不仅取决于设计师、企业和消费者，还有一个重要的因素就是运行机制。从大的方面来讲，是整个行业的运作机制；从小的方面来讲，是企业中的管理机制。

中国国内企业已经渐渐开始意识到工业设计的重要性。但是，国内还应该为工业设计创造一个良好的发展环境，除了知识产权的保护外，政府的阶段性扶持也将能够起到决定性的作用。在2007年颁布的国民经济“十一五”发展规划纲要中明确提出了“鼓励发展专业化的工业设计”。这一战略性决策，标志着国家对以工业设计创新带动企业的集体创新能力和产品自主创新水平提高从而提高企业核心竞争力的高度重视，标志着我国经济发展已经开始转入科学发展的轨道，标志着经济增长方式由粗放式向集约型的根本性转变。

提到日本设计，人们想到的是精细小巧；提到韩国设计，人们想到的是绚丽多彩；提到美国设计，人们可能想到的是华丽。那么中国呢？中国设计一定要体现中国文化的博大和含蓄，中国设计一定是融入了中国人审美观、中国人精神的设计，而不是像很多国外设计一样更多地体现在物理层面。美国人认为工业设计是商业化赢利的工具，欧洲人认为这是生活的一部分，日本人则认为这是民族的生存手段。而对于中国，工业设计是未来腾飞的翅膀。

第二章

对民营重工企业经营策略的建议

经营策略是企业面对激烈变化、严峻挑战的环境，为求得长期生存和不断发展而进行的总体性谋划。它是企业战略思想的集中体现，是企业经营范围的科学规定，同时又是制订规划（计划）的基础。更具体地说，经营策略是在符合和保证实现企业使命的条件下，在充分利用环境中存在的各种机会和创造新机会的基础上，确定企业同环境的关系，规定企业从事的事业范围、成长方向和竞争对策，合理地调整企业结构和分配企业的全部资源。

对于民营重工企业来说，其具备的优势是体制上的灵活、经营上的自主，它需要面对的首先是国有大型集团化重工企业的竞争，然后才是国际上先进企业的围攻。要想能够杀出重围，建立起自己的一席之地，其难度可想而知，但是又非不可能完成的任务。这就要求我们的民营重工企业家清晰地知己知彼，充分地以己之长在夹缝中生存、成长。此时，经营策略的选择就显得格外重要，它关系到企业未来的生存。其中，作为民营重工代表的三一重工可谓是其中的佼佼者和成功代表。三一重工以民营企业的身份跻身这个群雄纷争的市场，并在短短 10 年间成长为影响市场的重要力量。

民营重工企业经营策略的制定要具备全局性、长远性、抗争性和纲领性。全局性，即是以企业的全局为对象，根据企业总体发展的需要而制定，在对整个行业大方向的把握基础之上，规定的是企业的总体行动，它所追求的是企业的总体效果。长远性，既是企业谋取长远发展要求的反映，又是企业对未来较长时期（五年以上）内如何生存和发展的通盘规划，制定要以企业外部环境和企业内部条件的当前情况为出发点，并且对企业当前的生产经营活动有指导、限制作用。但是，这一切也都是为了更长远的发展，是长远发展的起步。抗争性，即是如何面对各种类型的竞争对手，并制定相应的针对性竞争策略和应急方案。市场如战场，现代的市场总是与激烈的竞争密切相关，经营策略之所以产生和发展，就是因为企业面临着激烈的竞争、严峻的挑战。企业制定经营策略就是为了取得优势地位，战胜对手，以保证自己的生存和发展。纲领性，即是对企业总体的长远目标、发展方向、发展重点和前进道路所采取的基本行动方针、重大措施和基本步骤。这些都是原则性的、概括性的规定，具有行动纲领的意义，它必须通过展开、分解和落实等过程，才能变为具体的行动计划。

第一节　正确的经营策略是企业兴衰成败的关键

正确经营策略的制定对民营企业的发展甚至生存来说至关重要，它是企业兴衰的关键。那么，如何制定正确的经营策略？

首先是对行业背景的清楚把握。以机械行业为例，在未来的10～20年，国内的工程机械行业仍将面临巨大的机遇。经历了前期我国大量基础工程的建设，公路、铁路、隧道、桥梁等，加上奥运场馆的建设，许多机械行业获得了快速的发展。在可见的未来，仍然存在着许多机遇。国家投资1500多亿元的南水北调工程、5260亿元的西电东输工程，超过1000亿元的上海黄浦江两岸开发以及2010年上海世博会场馆建设，西部大开发的基础设施建设等项目，保证机械行业的继续繁荣。同时，国际市场的需求势头不减，一方面源于国内重工机械行业企业竞争力的加强，另一方面源于国际市场的广阔前景。未来的机械行业将面临大好机遇，这就要求我们的企业在经营策略的制定上充分认识到大环境，结合企业自身发展，分析优劣势，制定正确的经营策略。

除了行业整体背景，在行业细分上认识到未来机械行业的设计重心将在重工上。机械行业目前最大的问题是产业结构不合理，重大装备需要进口，而一般机械产品大量过剩。这使跨国巨头有机可乘。工程机械领域，凯雷欲投资并购徐工机械（虽然最终未果），卡特彼勒公司100亿美元投资将转向柳工和厦工等收购目标。上述两家公司是国内最大的装载机生产企业。而由于2006年固定资产投资增速放缓及“十一五”规划和国家振兴重大装备制造业纲要的要求，2006年中央政府通过财政、税收、投资政策提高重大装备制造业国产化比例和市场份额，大型成套设备生产企业经济效益大幅增长。

预计未来几年，低技术含量、低附加值、高能耗、低价格的产业经营模式将得到调整，重大装备制造业将受惠于投资结构的优化，装备制造国产化、农业机械化产业政策获得高速发展，具有自主知识产权、较大市场占有率的大型成套设备企业和具备进口替代能力的企业将获得优先发展。

为使增收不增利的情况不再恶化，对较高附加值的产品加大设计投入将依旧是行业分化加剧下的有效生存手段。要通过加大技术研发，引进、吸收、消化、转化国外技术，尽快掌握自己的核心技术，构建自己的核心竞争力。同时，要意识到工业设计的重要性。由于技术研发的长期性，完全可以通过注重工业设计来提升品牌形象，贴近客户需求，打造真正意义上的中国设计，而不再单单是中国制造。

第二节　深谋远虑的经营策略是企业管理创新的根本

在中国重工民营企业的管理创新上，我们的企业家要有深谋远虑的经营策略。在对整个国内外大的行业背景认知基础上，不满足于现状，不短视经营，积极寻找新的市场机会和营销方法，以保持并扩大竞争优势，进一步提升综合竞争实力，包括品质、服务、速度和持续发展力。其中，品质是建立竞争优势的基石，服务是支持竞争优势的支柱，速度是保持竞争优势的能力，持续发展力将赢得客户长久的信赖。保证企业的灵活性，使其面对日益激烈的市场竞争，对待市场变化反应迅速，以强大的研发力量来保证技术上的领先，以灵活的企业机制确保产品策略的适时贯彻、实施。

三一重工引进六西格玛先进管理体系，进一步提升竞争能力。在2008年2月公布的三一集团五年规划报告中，明确提出的经营战略目标是：“规模突破1000亿，成就国际化三一；成为卓越的装备行业领导者，全球受人尊敬的企业。”要实现1000亿、进入世界500强的目标，就必须将管理水平全面提升至世界级水准，引入和贯彻新的管理方法。六西格玛管理在美国通用电气公司得到广泛运用和发扬，并由GE前总裁杰克·韦尔奇演变成一种无边界的企业文化和员工处理日常工作的行为方式，几年来为企业赢得了近百亿美元的经济效益。三一实施六西格玛管理，采取以点带面、全面普及的方法，首先在泵送事业部推行，营造六西格玛管理氛围；2010年在集团全面推行、建立六西格玛管理组织体系，形成六西格玛语言常态化、六西格玛思维日常化、六西格玛行为习惯化的六西格玛文化，并成为行业高效管理典范，这是三一重工的目标。“工欲善其事，必先利其器。”实现集团与全球最先进的管理理念、管理模式对接的最佳方法就是全员参与到六西格玛管理中来。管理上的与国际接轨是三一重工在管理上深谋远虑的表现，用最现代化的管理模式向标杆企业学习，为企业融入国际化和健康长远发展未雨绸缪。

江苏熔盛重工成立于2004年，是以海洋装备制造为主营业务的大型工业企业集团，下设造船、海洋工程、造机、钢机和修船五个事业部，民用船舶建造和修理是其主营业务。成立伊始，熔盛重工就确立了打造世界领先的造船企业的雄伟目标。为了顺利完成公司既定的发展规划，更好地适应国际化公司的发展需求，熔盛重工决定上线ERP产品，搭建起完整的信息管理平台，缩短财务结算周期，简化账目流程，实现全球账目图表的标准化，减少管理费用和人工劳动。经过对众多ERP产品的反复比较，熔盛重工于2008年年初选择了Oracle EBS R12，并决定和甲骨文建立起长期的合作关系，希望借助对造船行业有着深刻洞察力和大量成功案例的Oracle产品来缩短财务结算周期，简化账目流程，实现全球账目图表的标准化，减少管理费用和人工劳动，并最终将熔盛重工打造成世界领先的造船企业。同时在2008年4月，熔盛重工与美国船级社（ABS）① 签订战略合作协议，双方将进一步加强在船舶与海洋工程项目的研发、设计、入级、检验等方面的合作。以上举措的实施无不体现了熔盛重工集团企业家们在信息管理和技术合作上的深谋远虑，通过成本的优化、效率的提高、风险的管控和技术的

---

① ABS成立于1862年，是世界最知名的船级社之一，以安全、服务、解决方案为核心竞争力，通过在海事领域的技术研究、规范制定及建造检验服务为客户提供全面的解决方案。目前，ABS已经在全球70多个国家中建立了150个分支机构。

合作，为熔盛重工的国际化战略打下坚实的基础。

江苏沙钢集团从一个自筹45万元资金建立的小车间，到年产钢铁700多万吨、拥有300多亿元资产的大集团，仅用了20多年的时间。集团董事长沈文荣认为，企业技术设备谁都可以引进，但是首先最应该引进的是企业精神。沙钢的企业理念很简单："我们的决心就是我们的资源，我们的信念就是我们的未来。"这反映了一个民营钢厂，面对缺少资金、缺乏矿产资源的现状，认准目标、坚持努力、艰苦奋斗的坚强信念。科技创新水平是国际竞争力的基础，因此，沙钢打破传统模式，一步到位，高起点引进了当时世界上最先进水平的技术设备，这可以称得上是深谋远虑的集中表现。表面上看来当时多花了钱，实际上却大大地节省了钱，产量、质量、效益都上来了。沙钢同时充分发挥自身区位优势——地处长江岸边，有自己的码头，岸线长达7公里，成为沙钢原材料、产品进出口的通道。在企业战略制定上，沙钢成功并购江苏淮钢与河南永兴钢铁之后，策略北上，将扩张的触角伸向钢铁上游的焦炭领域。这是因为对于钢铁企业来说，焦炭和铁矿石都是重要的生产原料，而沙钢集团正在大步挺进这两个领域。这样将为迅速扩张的沙钢集团提供稳定、充足的原料供应，这是富有远见的大战略规划。同时为了规避原材料涨价风险，在企业集团发展方式上进行转变，2008年开发了高科技含量、高附加值板材新产品6只，宽厚板管线钢逐步实现了批量化生产，并试生产了高层建筑用钢，通过回收利用高炉、转炉、焦炉煤气发电11亿千瓦；利用矿渣制粉100万吨，增加利润1.4亿元；回收销售粗苯、硫酸铵等焦化副产品增加利润3.3亿元。目前，循环经济对企业经济效益的贡献率已超过20%。

通过以上三个案例可以看到，成功的企业家都会有一套自己深谋远虑的经营策略。这也是我们的集团化企业赖以长久生存和发展的必要前提，更是企业管理创新的根本。在富有远见的经营策略指引下，企业的发展才会更加富有成效。

第三章

重工企业集团战略规划

近年来，西方发达国家通过控制包括硬通货在内的金融系统、资本市场以及各种尖端技术，基本掌控了全球战略制高点。西方发达国家将其国家大战略同本国跨国公司战略进行捆绑，向外输出经济实力，成为当前发达国家对外扩张、攫取国家利益的主要方式和手段。

相比之下，中国公司的路在何方？随着时代的发展，尤其是全球化的今天，集团化企业已经成为公司形态的主流。面对着更为复杂的外部环境，战略制定显得格外重要，而战略规划已经成为“万里长征第一步”甚至是非常重要的一步。我国的重工企业更应该着手建立起适合自己的短期长期集团战略规划，真正做到“身未动而心已远”。

对于大型的集团化企业，战略规划的制定是项重要而复杂的内容，它已经不同于我们通常所说的单体公司战略规划，两者已经在横向和纵向上有了很多的不同。本章将先从集团战略与单体公司战略谈起，然后是集团战略规划和华彩的四层级战略内容，最后将以实际的例子来说明重工企业集团的战略规划。

第一节　集团战略、单体公司战略及两者异同

谈论集团战略规划就不可能避免集团战略问题。我们必然需要首先了解集团战略，以及集团战略与子公司战略的区别和不同。

本节将通过企业战略的具体含义、制约因素和战略的构成入手，简要介绍战略体系；将从集团化企业的角度出发，介绍集团战略以及其与子公司战略的不同，及如何在真正意义上理解集团战略。

企业战略是对企业各种战略的统称，其中既包括竞争战略，也包括营销战略、发展战略、品牌战略、融资战略、技术开发战略、人才开发战略、资源开发战略等。战略规划是制定组织的长期目标并将其付诸实施，它是一个正式的过程和仪式。目前越来越多的企业都有意识地对大约50年内的事情作出规划。但战略的制定通常会受到下列因素的制约：政治因素、经济因素、科学技术因素和地理因素。

战略的构成需要下列要素：（1）战略目的，它是战略行动所要达到的预期结果，是制定和实施战略的出发点和归宿点；（2）战略方针，它是指导全局的方针，是指导行动的纲领和制订战略计划的基本依据；（3）战略力量，它是战略的物质基础和支柱；（4）战略措施，它是为准备和进行战略计划而实行的具有全局意义的实行战略的保障，是战略决策机构根据实际的需要，在公司管理、组织架构、财务、人力资源、供应链等方面所采取的各种全局性的切实可行的方法和步骤。

1. 战略包括集团战略与单体公司战略

集团战略指的是所有母子公司的整体战略，它强调的是整体性，是宏观与微观结合的产物，由母公司与子公司一起达成共识，同时按战略、市场导向和精简高效原则，调整、完善集团组织架构，提升管理效力与执行力。我们需要明确和强调的一点是，集团战略绝对不同于单体公司战略，在以下三个方面可以有所反映。

（1）集团并非各子公司加总集团，它是一个经济联合体，需要有总体发展思路，同时这个发展思路可以给各个子公司制定战略带来一个指导和集约效应；集团战略通过投资组合、产业组合和横向战略来构成集聚效应和中央指挥；各个子公司是集团发展的工具和手段，因需求而设立、合并、关闭和变革；集团战略会考虑各个子公司的持续发展和效益问题，但更注重思考整体问题和整体利益的取舍。

（2）集团战略由母公司宏观调度，子公司协同，由集团给每个子公司分配局部功能和角色；子公司可以有的获利、有的亏损，但组合起来运作时就会有特定的整体功效；集团战略的实施需要集团不同阶段有不同的能力和资源；因各个部分功能到位，集团就能发挥出“变形金刚效应”，从而综合效益最大化。

（3）局部利益难协调时，必须服从集团战略集团通过集体战略整体作战；单体公司打不过集团，小集团打不过大集团，慢集团打不过快集团，都因整体作战。

企业过去最大的错误是用单体公司战略去替代集团战略，而后者的丰富和复杂程度是前者没法顾及的。通常传统单体公司战略是这样的：

首先，进行宏观分析，本质就是把握国家经济等宏观因素的趋势，把握主流。对宏观的理解能够开拓我们对企业的新认识空间，主要是对政策面、社会面内在脉动的领会和把握。其次，进行中观分析，分析行业结构、趋势，分析行业中参与博弈的各方，进而为本企业在行业中扮演什么角色进行再思考。再次，进行微观分析，具体到本企业所面临的各种竞争与合作的契机，把企业与它的边界之间的关系进行分析，可以有哪些行动的选择。经过宏观、中观和微观的分析后，可确信基本上没有遗漏了。如果战略有什么当初没想的、没顾及的、没深入对待的，那也要愿赌服输。我们事实上想得到什么结论呢？是想找出一条更好的发展之路。宏观、中观和微观分析完了以后，一般会得出一个结论。什么结论呢？就是企业除了现在的选择以外，还面临哪几个选择，还面临哪些基本选择。选择与机会分析出来以后，我们怎么办呢？然后进一步在企业内部分析，挖掘现实和潜在的资源与能力，就是重新认识，带着新的眼光，不要用老眼光。而且你不是刚好对外界分析完了吗，正好趁着你脑子活、脑子热。宏观、中观和微观分析的基础要素量越大，越裹挟着新的知识与力量，就越能突破性认识。企业内部资源与能力之间分析出来以后，配合以上发现的选择与机会，在两大块要素之间进行配置，两两配对后再多种组合，配置出若干排列组合以后，理论这里面就有无数的排列组合；通过排列组合与排列组合 PK，进行决策分析，决策分析以后选出一条科学的战略路径；最后才是战略管理、战略优化与发展的问题。

2. 集团战略与单体公司战略的差异

（1）范围不同。单体公司战略只需考虑自身发展，是局部个体战略；而集团战略需要考虑的是母公司、子公司以及相互间关系，是全局总体战略。

（2）对象不同。单体公司战略是根基于实实在在的产品或服务，而集团战略则根基于各个子公司，它常常是：虚实结合，进行资本运作和实体操作；轻重结合，有些是核心企业，有些则是整体协同运作；长短结合，有些针对于实业，有些则侧重于投机。

（3）方法不同。单体公司战略制定主要通过对市场深入分析和商机的细致研究来发现如何扬长避短、趋利避害；而集团战略主要通过体系的自我设计去发展，研究怎样才能符合集团发展的共性规律。

（4）思考不同。单体公司战略适合用西方的专业化方法去思考和制定战略；而集团公司则适合运用东方特有的全局观、算大账的方法去思考。

虽然清楚了集团战略与传统单体公司战略的不同，但是集团公司作战略的时候最可怕的就是面临不确定。任何一个集团公司，它是多元化的时候，事实上面临着多个行业之间的动态组合。任何一个行业都有可能去追求极限发展，或者作最大限度的协同，当然更多的选择的是中间的无数个中间状态，而且是无级变速的。任何一个板块既可以单纯追求极大价值，又可以完全牺牲自己而为其他板块作支持和服务、作协同。但实际上，每一个板块都既可追求一定的价值，又会作一定的协同，也因此多个板块、多个产业就面临一系列的排列选择。你根本没法认真地分析每一个板块，因为每一个板块都有巨大的不确定性，每一个板块都既有可能重叠得到资源和支持，又有可能给另外一个板块提供资源与支持。这样一来，面对最大的选择是，当每一个板块都是不确定的时候，每一个板块都是开环而不是闭环。

我们研究集团公司战略，会面临一个非常大的空间。集团公司在多元化的时候，麾下每一个板块都是不确定的。如果集团公司这样作战略是可以的，其中有两个板块不变，另外一个板块变动，这样可以把不变确定下来以后，那么把变动的N种情况想出来，然后作一个情景规划，想出若干种情景，然后想定变动的部分如何来配合。但现在是每一个板块都构成一个情景，有N种选择，这样战略本身变成复杂的排列组合。这种传统上的战略规划事实上几乎是唯一的路径规划，如果是多种方案并行选择，就失去了我们传统的单体公司战略下得到的一切的学问。在传统下面，围绕着一个确定的目标教育员工，凝聚务实，打造文化，配置资源，发展能力，达到目标，强化营收。传统战略告诉我们，就可以这么做，标准化一个目标，动员一切积极的力量，朝这个目标去走。但是集团公司面临一个非常可怕的问题是目标都找不到，所以一个集团战略就变得很可怕。

因此，从这个意义上来讲，过去我们对集团战略的处理是非常粗糙的，认为集团公司战略是若干单体公司战略的加总。走到今天才发现，集团战略根本不单单是若干单体公司战略的加总。集团战略首先是一个大经济体，要获取最大价值，而获取最大价值的主要方法是排列组合，而且是有无数种排列组合，也因此根本拿不出一条确切的路来规划。只要形不成一个确切的方案，那么资源配置、路径在传统的这些单体公司战略下，我们所有的学问与能力、武功被废掉了。在这样的情况下，我们该怎么办呢？我们开创了集团公司战略规划。

第二节　集团战略规划、四层级战略

一、战略规划

战略规划是公司的总战略目标和各阶段的分战略目标，以及为实现这些目标设计的路径。对于企业集团而言，母公司制定的集团战略规划与子公司制定的单体战略规划有本质的区别，二者制定战略规划的流程也有很大不同。

母公司战略规划是通过建立总体发展战略，做好集团整个发展战略，使整个集团也就是母公司和子公司一起达成共识，同时按战略、市场导向和精简高效原则，调整、完善集团组织架构，提升管理效力和执行力。只有达成了这样的共识，才能做到母子公司远景一致，大家朝着一个共同的目标发展。如果没有这种共识，容易造成母公司和子公司之间远景、目标不一致，造成矛盾和冲突，也会影响到资源的分配和管理的效率。

母公司的战略应该包括两方面：一是关于业务组合的决策，涵盖了收购、剥离、联盟、业务的重新定义和新企业的建立等一系列改变业务构成的重大问题——这决定了它们应该具备什么样的特征和寻求什么样的机会；二是母公司自身的决策，包括如何构造公司的管理层级和架构、总部雇用什么样的经理人以及采用何种规划和控制系统等——这些决定了母公司的特征以及其与业务子公司的契合程度。

母公司战略规划及管理的主要内容是：以年度预算作为主要控制机制；在预算内详细的逐项进行控制；以资本分配以及支持母公司决策战略为标准；详细的程序和规则；强调母公司的基础设施和集中服务。

而对于子公司的战略规划，其编制与审批流程的核心在于母公司战略部门与子公司战略规划小组成员（包括子公司高管、相关部门负责人和业务骨干）之间进行充分互动，吸收两者的优点，使战略规划具有前瞻性、可操作性和长期性。同时，战略规划的最终审批权在母公司执委会，这样可以有效保证整个集团的战略一致性，强化母公司的战略决策能力。

在战略规划编制过程中，战略管理部的高级经理与子公司战略规划领导小组沟通、参与、指导、监督子公司战略规划的起草过程；必要时以联席会议形式，协调、解决战略规划制定过程中难以确定的重点战略问题。总之，该流程的意义在于确保子公司在战略上与母公司保持一致，形成合力，充分发挥规模经济和集团优势。

子公司年度经营计划和财务预算是在当年制定战略规划的基础上，明确和细化战略规划确定的各项目的行动计划，把战略性项目转化为行动计划。通过有效的计划和预算把战略重点整合到预算和绩效监督中去，有助于更好地决定资源配置效率，有助于确保目标实现。年度经营计划和预算的制订需要母公司和子公司之间反复论证，要把所有的要素集中起来，制订一个具体可操作的、实用性强的计划。

集团战略规划要关注最重要的三件大事：投资组合、产业组合和横向战略，而这三件事单体战略规划不需考虑或没那么重要。

1. 投资组合

（1）决定用哪些手法，在哪些区域，向哪些对象，如何投资，如何组合这些投资，以及如何管理所有投资对象之间的关系。

（2）投资人以资本家的眼光去投资，投资的唯一目的就是追求资本的利润。

2. 产业组合

（1）产业组合管理是大型多元化企业集团战略管理的重要内容，通过产业的进入/退出、扩张/收缩，优化资源配置，保持竞争优势。

（2）一般包括产业发展管理和产业组合调整。产业组合调整是核心，是指根据环境变化、产业竞争力动态评价，对原有产业组合或对原产业战略定位和发展方向作调整。

(3) 多元产业评价不仅考虑产业吸引力（包括产业成长性、市场结构、集中度与进入壁垒、生命周期等）、企业竞争力（市场占有率、销售收入增长率、净资产收益率等），还需考虑其中的协同效应，这是西方企业最大的遗漏。

(4) 产业进入/退出、扩张/收缩（维持）决策。

3. 横向战略

(1) 横向战略由横向流程、横向组织、横向管理构成。

(2) 横向战略就是集团公司总部通过关联管理实现下属业务单元之间的协同效应，在集团化的情况下为下属企业创造作为单体企业永不能达成的竞争优势。

(3) 集团公司必须创造一个智慧的、连贯一致的和集中的方式来传达和实现整个集团战略，从而保障公司赢利的一个横向平台。

(4) 横向战略是以竞争优势为基础的集团、公司和部门战略的概念，横向战略并非是业务组合管理，它是公司战略的精华。

上述战略规划是公司的总战略目标和各阶段的分战略目标，以及实现这些目标的实施细则。战略管理是对战略规划的管理，也是对战略规划的升华，是战略规划的体系化应用。

集团战略管理是一个很庞大的体系，但如果要用一句话来概括，那就是用“三个体系，五个支撑”（参见图4－1）来表示集团战略管理的核心内容。

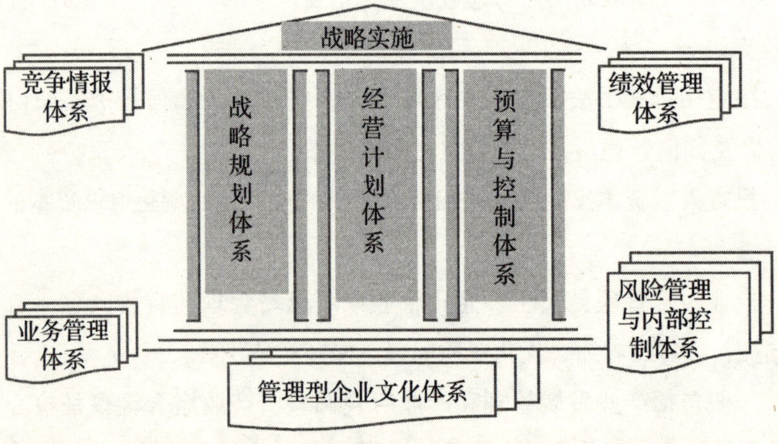

图4－1

二、四层级战略

建立在集团战略规划理解之上，华彩提出了革命性的“四层级战略”、“三个体系”和“五个支撑”。集团整体战略体系是整个集团战略管控的核心体系，其完整的架构是保证战略管控得以有效运转的根本保障。如同傲立平地的万丈高楼的基石和骨架，其中战略规划体系是第一块基石，经营计划体系与预算控制体系分别作为实施平台和控制平台，而竞争情报体系、业务管理体系、绩效管理体系、风险管理体系、管理型企业文化体系则构成了五个支撑体系。这样的体系纲举目张，以动态的结构化态势应因天翻地覆的外部环境和纷繁入微的内部运转。

四层级战略在概念上是由四个相互一致的战略构成，每一层战略又构成了下一层战略的基础。第一层级基本战略：确定企业要进入哪个产业，如何应用金融技术，如何管理风险，提供什么产品（服务）组合。第二层级发展战略：企业如何发展，如何管理不确定性，如何促使企业歧视，如何配置资源。第三层级经营战略：确定企业如何在生态链中壮大，占有有效资源、获得最大回报。第四层级职能战略：是指企业中的各职能部门制定的指导职能活动的战略，描述了在执行经营战略的过程中企业中的每一职能部门所采用的方法和手段（参见图4-2）。

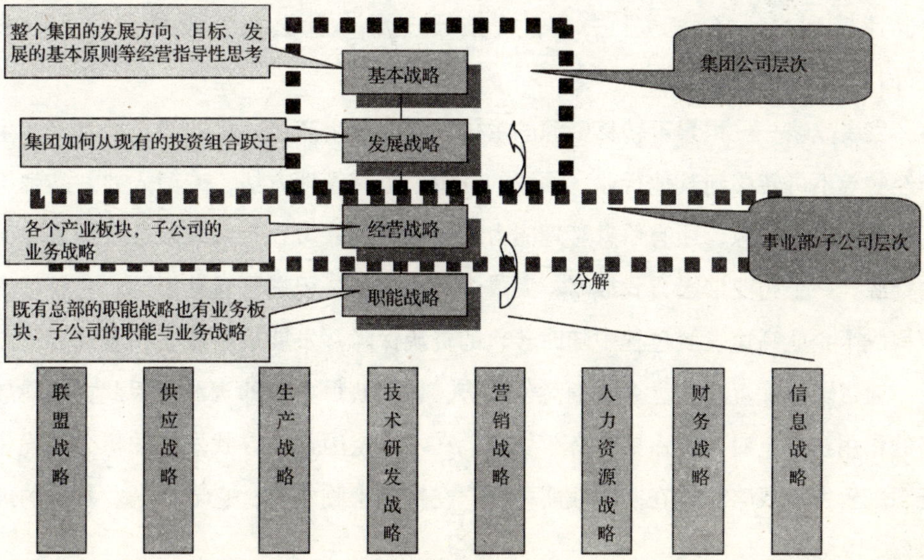

图4-2

基本战略——引导企业考察内外部信息，并作出假设。根据这些假设，企业进而作出产业选择。换言之，基本战略需要不断回答这样一个问题："我们正在做什么？我们将要做什么？"在传统的战略中，对于我们所从事的产业、提供的产品和服务范围，往往不是战略考虑的对象。我们从未想过、也不敢去想，要对这些最初的假设提出质疑。我们所做的一切只是不断地完善原来的产品或服务，认为这样就可以让我们走向成功，全然不顾游戏的规则已经改变，或者根本就是一个错误的游戏。所有的企业都已经证明：企业创建时最重要的选择是做什么，而非如何做。同样，当企业转型时，最重要的更是如何重新选择，而非如何重组流程或其他。在这方面，也许李嘉诚的和黄集团，康宁停止生产陶瓷用品转而生产光纤，以及诺基亚从一个多元化传统产业集团转向通信产业，都是很好的证明。因而，我们必须在变革的第一步反思有没有可能转变为更有前景的另一种产业形态，回报率也许是7%，也许是1000%，这个悬殊只会越来越大。这是新旧学说混合产生的混乱和转型期的一个特征。四层级战略将传统战略中起决定作用的隐形的"核心思想"作为"基本战略"提出，从而使我们可以不断地对基本战略及其假设提出质疑。基本战略也因为其在战略体系中的基础作用而担任了摧毁的重任。基本战略是一个扳道员，让企业高速转到另一条轨道上去，它使摧毁变成一种必须实现的目的，而非意外！

发展战略——积累可转移资源的重任。企业有生产线、采购客户关系网、生产经验等不可转移到其他行业、领域的资源，也有管理方法、专门人才、品牌等可部分转移的资源，还有信息管理能力、资源配置能力、公共关系等可任意转移的资源。一个企业摧毁自我战略、完成进化的前提是积累可转移资源。可转移资源构成了企业高速发展过程中随时转轨的资源保障。发展战略建立在基础战略之上，通过资源配置来建立企业的竞争优势，进而获得更多的资源。因此，发展战略的作用在于：对外抢占更多有效资源；在不确定因素中寻找发展的机会，优化资源配置发展战略建筑在基本战略之上；在摧毁来临之前，它成为企业发展的加速器。

经营战略——奠定成功基础的重任。经营战略作为第三层次的战略，其构筑在第二层次之上。以下这些看似矛盾的悖论，说明了有必要采用新的竞争战略，它们是今天成功的基础：企业必须摧毁自己原有的优势才能建立优势；由于每一种优势最终都难免会被超越的命运，所以企业不得不毁掉自己已有的竞争优势以建立新的优势；市场禁入障碍只有得到别人认可后才起作用；企业无法阻止竞争对手进入自己的市场，除非对手不想进来；使企业的行为变得不可捉摸和不合常理才是合乎逻辑的做法；为了有效地竞争，企业不合常理的行动会使竞争者望而却步，因为他们害怕超强竞争企业会跟他们一拼到底；传统的长期规划并不能长远；长期的成功并非依靠静态的长期战略，而是需要一种动态战略以建立起一系列的短期优势；攻敌之短可能是个错误。由于这种方法已在预料之中，竞争对手便会不断实践，变劣势为优势；企业竞争就是要取胜，但竞争却使取胜愈加困难；企业别无选择，只有进行愈演愈烈的竞争，否则就只有被淘汰出局。新型竞争战略以未来赢利为王、以拥有更多的不确定性为追求方向，因为不确定性包含着更多的可能性。

职能战略——战略升华的重任。职能战略是指企业中的各个职能部门制定的指导职能活动的战略。职能战略一般可分为营销战略、人力资源战略、财务战略、运营战略、研究与开发战略、公关战略等。职能战略是为经营战略服务的，所以必须与经营战略相配合。比如，企业经营战略确立了差异化的发展方向，要培养创新的核心能力，企业的人力资源战略就必须体现对创新的鼓励；要重视培训，鼓励学习；把创新贡献纳入考核指标体系；在薪酬方面加强对各种创新的奖励。职能战略描述了在执行经营战略的过程中企业中的每一职能部门所采用的方法和手段。职能战略在几个方面不同于基本战略、发展战略以及经营战略：首先，职能战略的时间跨度要短得多。其次，职能战略更具体和专门化，且具有行动导向性。最后，职能战略的制定需要较低层管理人员的积极参与。事实上，在制定阶段吸收较低层管理人员的意见，对成功地实施职能战略是非常重要的。

集团战略规划的实施可通过九步法进行实际操作，而在具体运作时会通过6个模块和具体的13个流程给予细致充分的实际落地操作（参见图4－3）。

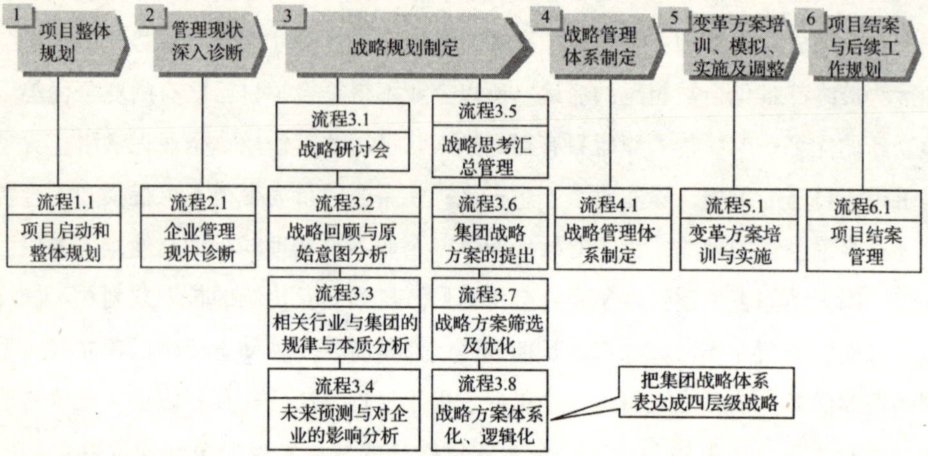

图 4-3

三、集团战略规划实施

华彩的集团战略规划采用九步法：（1）理解企业领导层原始意图；（2）把握和研究宏观大势；（3）对所有涉及的产业板块进行研究，把握关键因素，尤其需要研究其他类似集团公司的发展模式；（4）对企业发展和未来进行预测和应对方案研讨；（5）由此进行战略思考汇总，产生若干集团战略方案，并进行选择；（6）对战略方案进行逻辑化、体系化梳理；（7）四层级战略构建；（8）战略支撑体系设计（如通常的重构集团组织方式、业务流程和人力资源管理等）；（9）战略实施与发展、优化。

通过上面的系统化介绍，我们将华彩独有的针对集团化企业的战略规划由规划、诊断、制定、管理到实施、调整以及后续工作一一予以落地的实际操作，保障集团战略规划的科学性、合理性和可操性。

第三节　重工企业集团战略规划

对于重工集团企业的战略规划制定，可以先看看 GE 作为标杆企业的战略规划是如何制定的，其中可以为我国的重工集团企业带来许多借鉴意义。

GE 的跨层次战略规划，首先在组织结构上，GE 在传统的事业部和大组的机构上，又建立了一种制订计划的机构——战略（计划）经营单位。这些经营单位的规模不一，大组、部、部门都可成为战略经营单位。在全公司共建立了 43 个战略（计划）经营单位。从一定意义上来说，一个战略规划经营单位必须有一致的业务、相同的竞争对象，有市场重点以及所有的主要业务职能（制造、设计、财务和经销），所有这些都由战略（计划）经营单位的经理负责。在建立了战略规划经营单位之后，GE 就形成了双重机构和双重任务，即新建的战略（计划）经营单位是计划机构，其职责是制定战略，原有的组织机构的任务是执行战略。建立了制定战略机构之后，下一步就是采用一种制定计划的程序。制定战略规划的程序主要是一步一步地进行分析。例如，当观察外界环境时，GE 考虑到社会、经济、政治和技术发展趋势，在过去和将来如何影响到市场、顾客、竞争对手和供应厂商，并由此可找出发展机会和对公司的威胁。这个过程强调的是进行全面的分析，在分析时将一切因素都考虑进去。GE 认为，经过这种分析就会出现非常有效的战略。例如，在 20 世纪 60 年代，GE 机件维修业务部的任务仅限于修理本公司在美国卖出的超过保修期的电动机、变压器和断路器；在制定了战略规划后，这个部将业务扩大到非 GE 产品、非电气产品和外国产品的修理。这里做的结果使这个部的业务扩大到了全世界，在过去 5 年中年销售额和利润都增长了 20% 以上。在采用了上述制定战略规划的程序之后，还需要规定一些共同遵守的原则，以保证计划的制订。例如，原则要求所有管理人员都要参与战略规划的制定和学习，制订计划时间表，以便对各种战略规划进行检查，并通过预算对不同的发展机会分配公司的资源，用投资矩阵图（又称业务屏幕）来表明投资的轻重缓急，对战略规划经营单位的经理人员实行奖励制度。GE 在 80 年代制定的战略规划所取得的成功，促使公司走向 90 年代的战略性管理；并且由于这种管理制度的演变适应了公司规模和经营多样化的发展，因而给公司带来了巨大的利益。

一个企业要获得相对竞争优势，就必须作出战略选择。企业若没有明确地选定一种战略，就会处于左右为难的两难境地。集团战略规划的清楚制定和动态管理，将是集团公司得以长久延续发展的根基所在，采用合理优秀的集团战略规划更凸显出它的重要性所在。四层级战略正是在华彩潜心研究多年、结合大量案例建立起来的一套理论，它可为企业提供一种先进的集团战略规划体系，为我国集团企业发展壮大和长远发展提供必要的保证。

对于我国的重工企业来说，面对现阶段的大好形势，国内的需求在一段时期内依然旺盛。"十一五"规划在机械制造等重工行业的大力扶持，国际上成本优势和产业链的转移，如何走好做大做强的第一步——集团企业的战略规划，就显得格外重要。

对重工企业而言，战略规划的重要性不言而喻，下面是中联重科重工集团企业战略规划的例子。

长沙中联重工科技发展股份有限公司（简称"中联重科"，股票代码000157），创建于1992年，是一家高科技上市公司，是中国工程机械装备制造龙头企业、全国首批103家创新型试点企业之一。其主要从事建筑工程、能源工程、交通工程等国家重点基础设施建设工程所需重大高新技术装备的研发制造。公司注册资本7.605亿元，年产值、销售收入均过100亿元，员工16000多人。2007年，公司实现营业收入146亿元，利润总额17亿元，同比分别增长69%和99%，出口额同比增长300%以上。

科技体制改革选择的路径或许不一样，但中联重科自创立以来的思路，或者说是它的每一阶段的战略规划却值得我们细细研究和借鉴。从一个纯研究技术的学院性机构，到50万元资本的小公司，再到上市重组，直到现在的并购重组多家企业，位列世界工程机械制造商50强，争做中国第一。这样一个辉煌的历程值得我们深思。

在中联重科发展中，共分四步战略规划：

第一步战略规划——依托科技发展实体的战略规划。

1985年，中央决定进行科学技术体制改革。中联重科的"母体"——长沙建设机械研究院，成立于1956年，隶属建设部，是全国最大的建设机械综合型科研机构。在计划经济时代，该院一直承担着我国建设机械产品开发和技术更新以及全面赶超西方发达国家的重任。国家建筑与城建机械质量监督检验中心、建设部商品混凝土机械工程技术研究中心和中国建设机械协会所属13个专业委员会的秘书处均设于此。其行业技术覆盖率曾高达75%，每年创造的社会效益超过200亿元。进入20世纪80年代中期，人才济济的建机院开始举步维艰，陷入了“抱着金饭碗没饭吃”的困境。在此情况下，1992年原建设部长沙建设机械研究院8名科技人员通过50万元借款创办中联，也就是现在的中联重科前身——中联建设机械产业公司，开始制造混凝土设备。依托研究所强大的技术实力，将科研成果转化成产业，实现以产业养科技、以科技促产业的良性循环，迈出了科技体制改革最重要的一步。在现在看来，它的成功源于对自身的清晰定位——具备技术优势、人才优势。而如何完成实体化市场化转变，才是中联得以成功的基础根基所在。初期规划的成功，为企业的快速发展奠定了基础。

第二步战略规划——规模化、集团化、国际化战略。

1996年，中联公司实现年产值1.2亿元，实现利税4200万元。1999年，中联建设机械产业公司改制为由建机院控股的股份制科技型企业——中联重科，完善了法人治理构架的建设。2000年，中联重科开始改制并登陆深圳证券交易所。此后，通过一系列重拳出击、收购重组，其第二阶段的战略规划——规模化、集团化战略，可谓精彩纷呈。2001年，中联重科整体收购了英国保路捷公司。2002年12月，中联重科以承债方式收购中国机床工具工业老牌国有企业——湖南机床厂。2003年8月，中联重科与浦沅集团成功重组，创造了中国工程机械行业重组并购的最大手笔。2004年，浦沅分公司实现的利润超过了其过去15年的利润总和。2003年9月，中联重科收购中标实业有限公司经营性资产，从而占据了国内城市环卫机械市场的龙头地位。2004年3月，中联集团亮相BAUMA2004，迈出国际化之旅。通过以上的系列运作，中联重科截至2004年年底已经初具规模，名列全国十大国企改革典型，为下一步的大战略制定奠定了坚实的基础。

第三步战略规划——被广为称道的“核裂变”战略。

2005年4月，中联集团召开发展战略工作会议，确立了以“专业化、股份化、国际化”为核心内涵的“核裂变”战略。该战略的制定在中联集团发展进程中起到了重要作用。实施“核裂变”发展战略，组建混凝土泵送机械、汽车起重机、环卫机械等七个专业性公司，迈出了产业主体裂变的第一步。与此同时，把产业链向上延伸至关键零部件的供应链环节，向下延伸至施工设备实物租赁、融资租赁等产业链终端，并对整个产业链资源进行有效整合，形成一个较为完整的工程机械产业链和利益共同体。自此，中联已经建立起了庞大而强有力的企业集团。世界工程机械行业权威杂志《建筑机械》评出了2006年度“世界工程机械制造商50强排行榜”，中联重科以销售额10.88亿美元名列第24位。值得提及的是，此前10多年间，公司的销售收入和利润均以50%以上的年增长率向前推进。

第四步战略规划——日益清晰的国际化发展战略。

做大做强，瞄准世界工程机械领域最高端，中联重科国际化的发展战略日益清晰。“中联重科的近期目标是用3~5年的时间做到全国第一，用10年左右的时间进入全球十强。市场份额方面，一半在国内，一半在国外。”该公司董事长詹纯新在接受记者采访时说，“2008年是中联迈上国际市场的重要一年，同时也是公司管理模式进一步深化改革创新的一年，管理创新为中联实施国际化战略奠定了坚实的基础。2007年，公司在‘变革创新，流程顺畅，单元突破，整体提升’的总体思路指导下，实现营业收入89.74亿元，同比增长92.67%；其中海外销售达10.20亿元，同比增长371.38%。”

同时，在2008年3月25日着手收购新黄工程机械有限责任公司100%股权；4月4日，该公司收购东风汽车旗下的湖南汽车车桥厂；4月9日该公司因拟收购意大利工程机械制造商CIFA公司暂时停牌，但之后的公告显示，公司收购意大利CIFA公司项目已经获得国家发改委、商务部、中国证监会批准。CIFA是一家全球知名的混凝土机械制造商，总部设于意大利米兰附近的塞纳哥。其主营业务为生产混凝土输送泵、混凝土泵车及混凝土搅拌运输车，主要销往欧洲、非洲和中东地区。2008年6月23日，中联重科携手弘毅投资、高盛和曼达林基金收购了CIFA公司100%股份。成功收购CIFA后，中联重科进一步加快国际化战略步伐，将实现由国内工程机械行业排头企业向国际化企业的跨越；同时，也将改变全球混凝土机械市场竞争格局。交易完成后，中联重科将成为中国第一大混凝土机械制造商，跃居全球龙头地位。

通过对中联重科发展历程及其四个阶段战略规划的研究，基本上可以清晰地掌握中联重科的发展脉络。作为重工集团企业的成功案例，无疑为我们带来了重要的借鉴意义。这并非要求我们的重工集团企业在做大做强的同时均模仿它的战略规划，而是在中联重科的战略规划中学习其集团整体战略的制定和整个产业链的设计分公司战略的制定，以及集团公司、分公司不同的战略定位，通过收购重组的分公司之间的战略协同、优势互补作用，最大化放大集团企业效力。

第五部分

重工企业管控

第一章

重工企业集团化发展

在经济全球化的今天，企业集团化的趋势已经不可避免。通过集团化，企业资源整合，优势互补，充分体现集团化的规模经济、战略协同效应、资源配置效应、科学管理的协调效应，来应对日益激烈的国内、国际竞争。由于重工行业自身具有附加值较高、技术含量较高、中间产品比重较高（或专业化分工程度较高）、需求潜力较大、消费升级周期较长、产业链较长、产业带动力强等特征，就更要求我国的重工企业走集团化战略，通过集聚建立优势组合的大型重工集团化企业、大型集团化产业链和集群，这样才能在竞争中具备优势，参与国际化竞争。

第一节　重工企业集团化发展态势

中国经济改革的不断深入对于建立现代企业管理制度提出了更高的要求。中国加入WTO后，在国际竞争国内化和国内市场国际化的市场竞争环境下，市场竞争越来越激烈，市场收益率越来越低。知识经济、网络经济、范围经济的发展使企业边界发生了变化，集团化的规模经济、战略协同效应、资源配置效应、科学管理的协调效应为市场竞争带来了竞争优势。

从20世纪六七十年代世界范围的无关多元化收购、兼并、重组浪潮，到20世纪末的相关专业化的收购、兼并、重组风暴，世界范围内的集团化趋势越演越盛。为了进一步巩固全球化的统治地位，许多外国企业建立起更大范围的巨无霸超大型集团。为应对世界的竞争，更要求我们国内的重工企业尽快壮大，建立起具备核心竞争力的大型集团企业。

美国卡特彼勒公司（NYSE：CAT）成立于1925年，由Holt制造公司和C. L. Best推土机公司合并组成，是世界上最大的工程机械和矿山设备生产厂家、燃气发动机和工业用燃气轮机生产厂家之一，也是世界上最大的柴油机厂家之一。1950年，卡特彼勒推土机公司在英国成立，这是众多海外公司中的第一家。1963年，卡特彼勒和三菱重工在日本成立了第一家由美国公司拥有部分股权的合资企业；1990年，公司结构进行了分散，根据资产回报率和客户满意度重组业务单位；1997年，公司继续扩张，收购了英国的Perkins发动机公司，加上1996年收购了德国的MaK Motoren公司，卡特彼勒已成为世界领先的柴油发动机制造商。于1975年在中国卖出第一台设备正式宣告进入中国，经过30年的发展，2005年3月，卡特彼勒（中国）投资有限公司和卡特彼勒（香港）有限公司分别出资130.8万元人民币和43.6万元人民币，以股权并购方式获得山东山工机械有限公司30%和10%的股权，成立中外合资经营企业。2008年2月份，卡特彼勒收购山工机械剩余60%股权获得商务部批准。

第二节　重工企业集团化经营方式

国企改革四大步完成企业集团化经营

1978年以来，随着我国农村经济体制改革的不断深入，国企改革作为整个经济体制改革的中心环节也不断向前迈进，大体经历了放权让利、两权分离、建立现代企业制度、国有经济布局战略调整四个阶段。

1979~1984年，国企改革迈出了“放权让利”的第一步。这一阶段主要是通过扩大企业经营自主权、实行利润留成、利润包干等措施，调动企业完成计划和增产增收的积极性。但是，由于缺少有效的产权约束、市场竞争和市场化的价格体系，企业产值的增加往往靠大量资金的投入来实现。

1985~1993年，国企改革迈出了“两权分离”的第二步。这一阶段的改革主要是通过推行企业承包经营责任制等措施，实现政企职责分开、国有企业所有权和经营权分离，国营企业从此成为国有企业。承包制使国有大中型企业活力增强，但在国家所有权未到位的背景下，不能真正做到政企分开，因而不能从根本上解决企业活力问题。

同期，在实现所有权与经营权适当分开的精神指导下，股份制试点也正式展开。到1991年年底，全国共有各类股份制试点企业3200多户，其中89户向社会公开发行股票。试点企业的经验证明，股份制有利于根本转变企业经营机制，使企业成为自主经营、自负盈亏的市场主体。但试点也面临一些问题，包括政府对股份制企业、股票市场的组织、运作尚缺乏规范化、法制化监管等。

1994年起，国企改革迈出了“建立现代企业制度”的第三步。1994年公司法的正式实施，标志着企业改革进入了建立“产权清晰、权责明确、政企分开、管理科学”的现代企业制度的新阶段。1995年，全国确立了100户试点企业按公司法进行制度创新。

通过试点，初步建立起现代企业制度的基本框架，变国家对企业的无限责任为有限责任，形成了企业法人治理结构。然而，由于国有资产产权所有者的缺位，试点企业在政企分离、理顺产权关系等方面依然存在问题。同期，国有企业股份制改造步伐加快。到1997年8月，全国由国有企业改造为股份公司的达9000户左右。

1999年《中共中央关于国有企业改革和发展若干重大问题的决定》的出台，标志着国企改革全面进入了“国有经济布局战略调整”的新阶段。这一阶段以提高国有经济的控制力、影响力和带动力为目标，在布局上将国有资本向关系国家安全和国民经济命脉的领域集中，在结构上通过股份制改造、引入战略投资者、重组上市等方式实现国有企业产权多元化。

2003年，国务院国资委成立，作为国有资产的出资人代表直接监管196户中央企业。国资委的成立使国有经济布局和结构调整进入由出资人统一规划、市场化运作的新阶段。出资人代表的逐步到位，也在一定程度上促进了国有大型企业法人治理结构的完善。

2006年12月，国资委首次明确了国有经济发挥控制力、影响力和带动力的具体行业和领域。根据部署，到2008年，扭亏无望的国企基本退出；到2010年，中央企业调整重组至80～100户，其中30～50户发展成为具有国际竞争力的大公司、大企业集团。

伴随着国企改革的步伐，许多国有重工企业通过兼并、组合、并购等举措纷纷完成集团化重组，在资源上完成优势互补，在结构上完成优化整合，在管理上打造集团化管控。同时，一批民营重工企业通过体制优势、经营灵活的特点，也纷纷通过收购、整合建立起了大型的集团化企业，加入到激烈的市场化竞争中，在立足国内旺盛需求的基础上，积极参与到国际化的战略之中。

中国船舶工业集团公司（英文简称CSSC，简称中船集团公司）组建于1999年7月1日，是中央直接管理的特大型企业集团，是国家授权投资机构。CSSC是中国船舶工业的主要力量，旗下聚集了一批中国最具实力的骨干造修船企业、船舶研究设计院所、船舶配套企业及船舶外贸公司，共约有60家独资和持股企事业单位。

造船是CSSC的主业。在军船方面，CSSC研制的产品几乎涵盖了我国海军所有主战舰艇和军辅船装备，是中国海军装备建设的骨干力量。在民船方面，CSSC能够建造符合世界上任何一家船级社规范、满足国际通用技术标准和安全公约要求、适航于任一海区的现代船舶。其产品种类从普通油船、散货船到具有当代国际水平的化学品船、客滚船、大型集装箱船、大型液化气船、大型自卸船、高速船、液化天然气船、超大型油船（VLCC）及海洋工程等各类民用船舶与设施，船舶产品已出口到50多个国家和地区。

第三节　政府在重工企业中的特别影响

在新形势下，政府正在改变过去限制企业合并集中的做法，伴随着国有企业改革的同步进行，对企业合并集中采取引导和鼓励政策，并不断从经费、政策、管理等方面加大支持力度。我国的重工企业也在这股浪潮中纷纷走上了收购、并购和重组集团化的道路。政府对重工企业的走向和体制改革起到了巨大的推动作用，主要方式是通过一系列的法规政策的引导和鼓励扶持。政府的职责就是培育有效率的市场、创造鼓励创新的大环境，以充分调动人们创新的欲望，并使那些产生创新欲望的人有充分施展才能的条件、使那些成功的创新能得到应有的回报、使创新失败的人有机会东山再起。

在重大技术装备方面，2008 年 1 月 17 日，为了全面贯彻落实党的“十七大”精神，贯彻落实《国民经济和社会发展第十一个五年规划纲要》和《国家中长期科学和技术发展规划纲要（2006—2020 年）》，不断提高我国重点领域重大技术装备的自主研制能力和重大产业技术的自主开发能力，促进我国产业结构的优化升级和经济发展方式的转变，推动产业技术进步，国家发展和改革委员会编制了《“十一五”重大技术装备研制和重大产业技术开发专项规划》（以下简称《专项规划》）。该规划将以“十一五”时期的需求为重点，兼顾中长期产业发展对技术和装备的需求，明确组织实施重大技术装备研制和重大产业技术开发工作的指导思想和发展目标，确定重大技术装备研制专项和重大产业技术开发专项的具体内容，提出了加快重大技术装备研制工作和推进产业技术进步的保障措施。《专项规划》是“十一五”时期开展重大技术装备研制和重大产业技术开发工作的重要依据。规划要求“十一五”以及今后一段时期我国重大技术装备和重大产业技术发展的主要任务：一是围绕国家重点建设工程，组织实施重大技术装备研制专项，研制开发一批重大关键技术装备，提升我国装备研制开发水平；二是围绕能源、环境、资源等重点领域，组织实施重大产业技术开发专项，突破技术瓶颈制约，开发并掌握一批关键、共性技术，提高产业的核心竞争力和持续发展能力。

在钢铁汽车行业，首先于2004 年6 月1 日起实施《汽车产业发展政策》，通过完善准入规则和相应的税收措施，鼓励汽车制造业发展，促进产品本地化制造，兑现我国加入世贸组织的承诺，为我国汽车工业发展营造公平竞争的市场环境，并努力做到管理制度公开透明。2005 年颁布实施的《钢铁产业发展政策》是继《汽车产业发展政策》之后第二个由国家发改委起草、国务院审议通过的国家级产业发展政策，其对之后 5 ~ 10 年中国钢铁产业的发展起到重大影响。钢铁新政要求，2010 年前，国内钢铁冶炼企业数量有较大幅度减少；国内排名前 10 位的钢铁企业集团钢产量占全国产量的比例要达到 50% 以上，2020 年达到

70%以上；培养出两个3000万吨级、若干个千万吨级的具有国际竞争力的特大型企业集团。

在装备制造业，多项政策优惠出台支持装备制造业发展。

2006年，国家出台《国务院关于加快振兴装备制造业的若干意见》，明确提出装备制造业是为国民经济发展和国防建设提供技术装备的基础性产业；大力振兴装备制造业，是党的十六大提出的一项重要任务，是树立和落实科学发展观、走新型工业化道路、实现国民经济可持续发展的战略举措。

2007年，商务部旨在通过扩大进口来削减顺差的努力有了实质性进展，国家发改委、财政部和商务部联合下发《鼓励进口技术和产品目录》。这是我国首份以贴息政策鼓励进口的产品目录。该目录的出台主要是出于兼顾我国削减贸易顺差和加快产业升级、自主创新的双重目标，对企业的贴息政策降低了进口先进技术装备、加快技术改造的成本，同时又能够尽可能避免未来贸易伙伴的反补贴争议。

财政部2008年1月发出通知，对国内装备制造企业为开发、制造大型露天矿用机械正铲式挖掘机和大型煤炭采掘设备而进口的部分关键零部件、原材料所缴纳的进口关税和进口环节增值税将实行“先征后退”，同时停止相应整机及成套设备的进口免税政策；由财政部制定《自主创新产品、政府首购和订购管理办法》和《政府采购进口产品管理办法》近日开始实施，办法首次明确今后政府采购将优先购买国货，擅自购买进口产品将受到处罚。

国家以上各项政策的颁布实施，将在政策、财务、税收等诸多方面给我国重工企业的发展提供优良的发展环境，建立有效的保障机制和鼓励优惠措施，为我国重工企业集团化国际化发展提供有利支持。

第四节　关于企业集团化

一、集团化的特点

企业集团是建立在企业法人股份制基础上，以一家实力雄厚的大企业为核心，通过控股、参股等资本纽带联结组成的，多层次、多法人的企业联合体。作为集团，有三种核心功能使得其竞争力巨大。

一是自我放大功能。自我放大功能就是通过多层次控股可以把资本放大。为什么呢？道理很简单：一个集团公司，如果独立了，它所能动用的财务杠杆是有限的；当财务杠杆动用到67%，负债率达67%时，事实上银行已经比较害怕了。少数跟当地银行关系搞得很好的，它占到80%也是有可能的。但是，负债率再高银行就更害怕，就是你的负债率越高，银行越惜贷，到最后把钱贷出来的困难更大，所以集团发展速度会慢下来。慢下来以后怎么办？集团就启动子公司的财务杠杆，子公司还有一些可能负债的空间，那么当把子公司财务杠杆都用完以后，集团就会用孙公司财务杠杆，等等。洛克菲勒把整个集团做到了十几、二十几个层次以后，他的资产将近放大了2000倍。前些年闹得沸沸扬扬的德隆，实际上净资产并不多，但德隆在最高峰的时间能够驾驭的资产高达1200亿元！

二是协同共享其内部交易。以在国内注册的企业为例，在中国内地需要交增值税，但是如果在海外设一家分公司的话，交利得税，仅仅把该交增值税的利润转移到海外这家分公司只交利得税，这中间就省下来不少利润。但是，对于大多数企业来说，全年的净利润可能也就是4.5个点。除此之外，税务转移可以获得非常多的内部收益。

因此，整个集团里一旦形成一个有效的协同共享和内部交易，那么将是非常可怕的。像有很多集团公司，新设一家子公司，这家子公司立即就可以做到非常高的营业额。因为它大部分的货先被母公司买掉了，一开张销售量就做得很大了。由于这时候成本已经摊掉了，它的价格是有高度竞争力的，可以迅速把产品做大。为什么呢？因为它获得整个母公司的共享功能和协同功能。所以在一个集团公司下面想扶植一个子公司，是非常容易的事。

萧山的容胜做ATP，他和恒毅两家合资做ATP，做出来20亿元两家就拿走了。就这两家作为原材料都不够，所以这20亿元的销售立即就表现出来了。估计做到30亿元的时候，他们两家都还可以完全内部消化掉，直到超出30亿元以后，才需要向社会上营销。因此这家公司一开张仅内部交易，就已经开始创造利益，两家的财务报表都变得非常好看，那么这是协同共享内部交易。因此，整体经营是集团公司一个非常重要的手段。

三是通过投资与产业组合抵御风险。这个就是通常讲的“东方不亮西方亮，西方不亮南方亮”，这就可以组成一个均衡的效果。

但是，集团公司也因此有三种最可怕的软肋：

第一，风险会越来越大，而且慢下来会更危险。很多集团公司发展加快以后面临的风险也逐步加大，但是它其实不敢慢下来，因为一慢下来银行首先会抽贷，优秀人才会跳槽，子公司开始调皮，原来所获得的集团采购、集团营销的效益开始下降。所以，很多集团公司在积累了规模的同时，也积累了巨大的风险。

第二，信息黑洞越来越大。信息黑洞会多到什么程度呢？不说别的，就讲“三九”。“三九”有五个层次，我们知道，不要说五个层次，三个层次管理起来就很困难了，到五个层次的话，真的是账谁都算不清楚。佛山有一家著名的中国陶瓷第一的企业，它为了利用“三免两减半”的政策不断地注册新公司，但是到最后它的老总说了一句很发自肺腑的话。他说：“现在这财务的东西，首先是我搞不明白，我占了多少便宜或者吃了多少亏，我自己先搞不明白；我现在账外资产比账内资产多，但账外资产怎么调进来、是怎么来的，我现在都搞不清楚。

这就是到一定程度，信息黑洞多到母公司都完全搞不清楚。我们经常说，母公司被蒙蔽了、母公司不知情，这事实上充分地暴露了信息黑洞越来越多的事实。

第三，管理会越来越复杂。管理复杂到什么程度？举一个很简单的例子。子集团每月的述职会，以中粮集团为例，每月要专门拿出几天听子集团来述职。子公司的这种绩效分析、经营分析要花几天时间。集团越大，母公司在这方面要花的精力会越多，管理会越来越复杂，绝对不可能会相对变得简单。这是集团公司做得越来越大必然的一个结果。

二、真正的集团是强势集团

真正的集团是强势集团，那种物理上把子公司捏到一起、捏到全球第一、捏到最大，不算什么真正的集团。比如说华润集团，在周政在的时候，事实上也是个非常大的集团，但是，外型是航空母舰的外型，骨子里还是小舢舨。直到宁高宁上去以后，才逐渐地把它整合成一个真正的航空母舰运行。而很多中国的大型公司，事实上依然是物理意义上堆积所形成的这么一个结合。层层叠加，形成大的结构，却不可能称为真正意义上的集团。

真正意义上的集团具有三个基本特点（参见图5－1）：

1. 它有强势业务

强势业务分为两种，要么这一个业务就在整个集团里面占到非常大的份额，比如说其中一个业务在集团里面占到30%、40%的份额，我们把这种叫做典型的强势业务。另外一种业务呢，就可能是非常散的，比如说零售，如沃尔玛。但是它有一个全球非常大的机遇，全球市场作为它的背景来支撑，这样，我们也可以把它叫做强势业务。

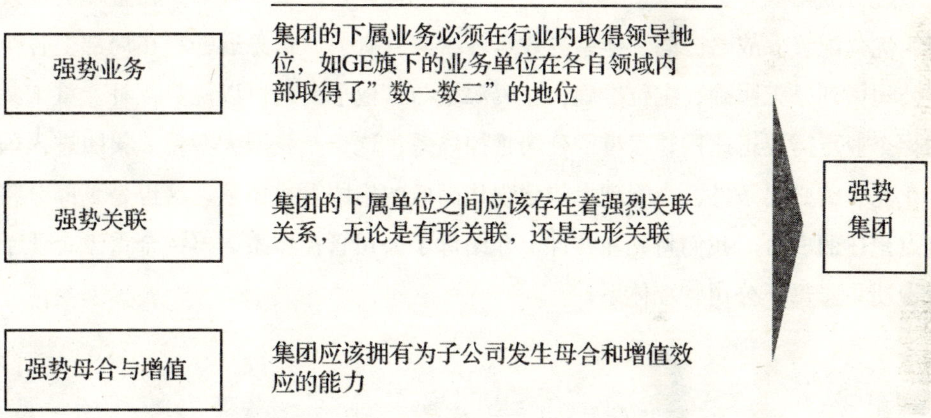

图5－1　强势集团有三大主要考量标准

2. 所有子公司之间必须有强势关联

集团内子公司与子公司之间、母公司与子公司之间必须有非常强的关联。我们可以想见，除了李嘉诚，其他任何人都不可能驾驭长实这么一个集团。为什么？他获得不了这么大的政治资源。而李嘉诚主要的钱是从基础建设、基础设施、区域开发、城市化等这样一些项目来的，事实上他是协助政府经营，挣政府经营的钱。所以，李嘉诚如果没有这种政治经营关系、政治经营能力，绝对不可能把这个企业经营起来。尽管李嘉诚的集团里面也有零售、科技等板块，但是这么一些板块纯粹是挣些余钱，就是手上整个金融关系、能力大了以后，做些消化。李嘉诚更重要的是挣国家发展的钱，因此这个所有的业务之间看着是错综复杂、毫无关联，但是其内部强势关联。

3. 要有强势的母合增值效应

母公司要能够把子公司经营起来，所有的子公司加起来挣了 1 块钱，因为你母公司的存在而把它变成 1 块 2，甚至 1 块 8，这就叫做母合作用。另外，母公司必须发现价值点，所有子公司存在都是价值点，那么问题是如何把它的价值点找出来。

正是为了解决集团化带来的新的更加系统、更加复杂的问题，集团管控即母子管控体系粉墨登场。我们需要打造强势集团，正如上面所言，集团化企业已经完全不同于单体公司，它有自身的特点，需要在多个层面上考虑问题，宏观、微观上进行战略规划、组织架构设计、人力资源构建、绩效管理等，在整体上实现资源优化配置、战略协同、体系高效运转、兼管有力、信息通畅，在局部上各个子公司做到分工明确、定位准确，在资源上与其他子公司可以优势互补。重工集团化企业更需要迅速构建起母子公司管控体系，这也是我国大型重工集团进入国际化竞争的必要条件，在管理上构建现代高效的集团管控体系，这也是下部分将重点论述的内容。我们将先在共性上介绍母子公司管控体系，再结合重工企业予以说明华彩母子公司管控体系。

第二章

母子公司管控概述

重工企业的集团化、市场化，必然要求在管理上进行集团管控模式。而集团管控，即母子公司之间的“治理 + 控制 + 管理”如何实现？该套体系如何发展而来？集团管控中面临哪些问题，如何解决？华彩母子公司管控体系包含哪些内容？管控环境有哪些？这些问题将在下面的部分中一一向读者呈现，将简明清晰地阐述集团管控的精髓。这是所有集团化企业管控中面临的共性问题，对于重工集团的管控更是具有现实意义。

第一节　母子公司管理的发展趋势

一、治理与管控是当今母子公司管理发展的趋势

在考虑真正的集团化的时候，我们看到，全球那种物理叠加的公司，就是一个一个地拼命往上叠加的公司，它的逻辑非常简单，就是把管理中心上移成为总部，把各种这个业务中心下移，成为分子公司。这个没有什么好分析的，这就是所谓物理上的集团公司。对于物理上的集团公司，母公司依然是一个简单化的母公司，子公司也是一个简单化的子公司。所以在这种情况下，事实上被迫走上了治理之路，因为母公司忙不过来，母公司照顾不过来，反而去依赖治理。

物理的叠加不得不依赖治理，形同基金经理而无控制和协同能力，而只有具有一定战略强度的管控行为才能创造价值。

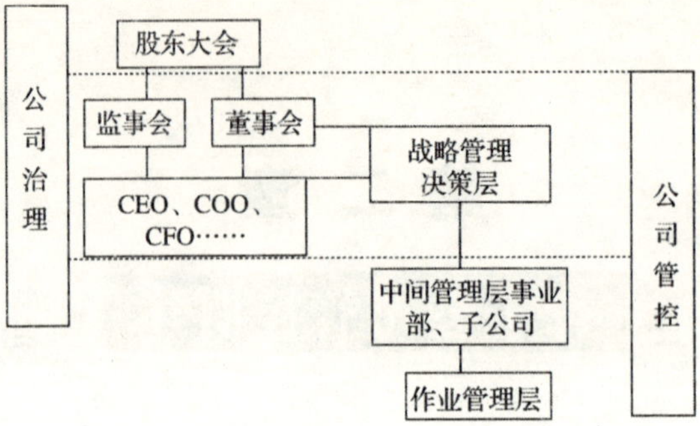

图5-2

有些母公司也对子公司进行管理，但是起不到作用，为什么呢？我们吃过感冒药就知道，如果有一种药，需要吃4片才能把感冒治好，如果每次只吃1片，结果呢，一个月感冒都好不了。为什么？没有强度。集团公司也需要战略强度。

有很多母公司，也在进行母合和创造价值功能，并宏观调控。但是它的战略强度不够，只做到了该做的一半程度，或者没有到达临界，或者是做到了一个半饱的强度，而没有把它做得全饱，所以没有能达成应有的一个效果。所以，我们看到很多公司在做一件事情，就是李荣融创导的强化治理。像大马西学习，公司建立“三会”这样有效的意识规则和决策程序。我们很多的民企在学习，我们很多的地方国企也在学习。但是这里面我们必须弄清楚一件事情，治理好了，我们原先想的是治理好了，子公司就好了，好了以后，我们对子公司可以有效地管控了。可这是原先的一场美梦。

我们必须说明，治理是个必要条件而不是充分条件，治理好了并不意味着子公司会挣到钱，而且往往治理和经营之间并没有必然的关系。这个有效的对子公司的绩效合约，有效地对子公司长期激励，有效地跟子公司开会，有效地对子公司进行决策和调节，又有什么用呢？如果子公司的业务天然而然存在障碍，天然而然战略方向存在问题，或者运营方式存在问题，或者班子之间的协调存在问题，治理根本解决不了这一类的问题。所以我们看到，事实上正确的方法，应该对子公司先管控，管控到一定程度，业务变得越来越好了，素质越来越高了；把业务进行到一个相对比较稳定的状态里面了，管理班子也比较团结了。这种情况下再来进行治理的话，可能是正确之道，而不是相反。至少是两条腿走路，既重治理，也重管控。但刚开始的时候八分管控，两分治理，逐渐地把它做到五五开，最后可能三五年以后做到八二开，这才是一个正确之道。

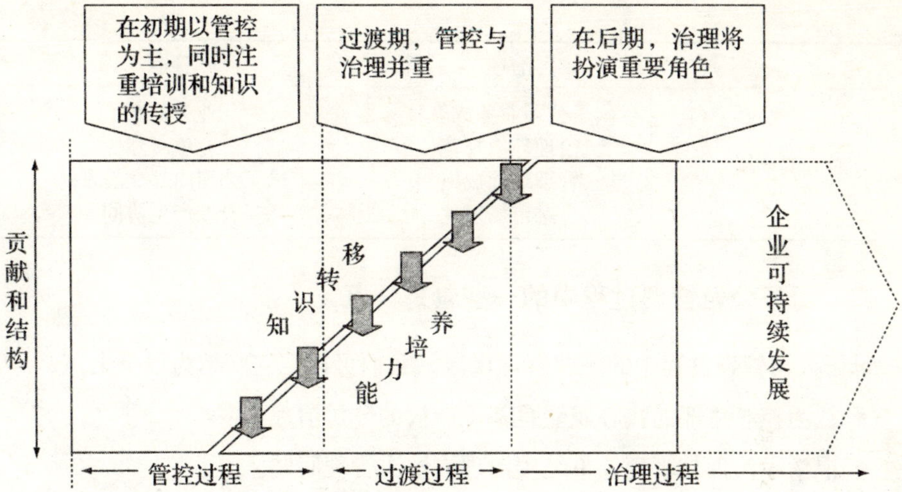

图 5－3

全球而言，不光我们这里讲，其实就全球而言，也都开始了治理加管控。比如说 IBM，以前是只强调治理，现在 IBM 也讲随机应变。西门子讲一个西门子，为什么呢？全球都开始了治理加管控。为什么呢？治理有一些条件，子公司业务很成熟，治理环境规范，管理环境成熟，金融市场发达；但是管控还有一些条件，如果业务复杂，竞争激烈，母子公司内部交易发达，管控能够产生协同的情况下，就会管控。

但是我们没有看到，一些企业，比如说可能单纯在他的母国，比如说美国，在经营的时候可能治理就够了。但是它做到全球化的时候，它的业务多元化的时候，它势必会开始进行管控。全球而言呢，都开始从原先的表象集权到分权；现在呢，又进入到一个新的集权期。

表 5－1　治理和管控适用的范围和环境

	治理	管控
对应的范围	股东会 董事会 总经理 三个层次之间	董事会 集团总裁 子集团或事业部 子公司，部门负责人具体业务

续表

	治理	管控
对应的环境	子公司业务成熟 治理环境规范 管理环境成熟 金融市场发达	业务复杂 竞争激烈 母子公司内部交易发达 管控产生协同

二、母子公司管理过程中的一些管理误区

母子公司管理过程中的一些管理误区，我们可以把它归结为以下七点：

- 认为控股总部的核心职能是基于产权的公司治理。
- 混淆了治理与管理，单纯用治理去解决管理问题。
- 为解决出资人不到位问题，出现一股就灵问题。
- 混淆了管理与管控。
- 把政府职能直接应用于总部职能。
- 把总部打造成出资人和服务者。
- 混淆内部交易和管理协同。

第一，很多人认为，控股总部的核心只能是基于产权的公司治理，而忽略了管控；觉得把出资代表派好，去参加好子公司董事会就OK了。他们认为董事会是一场老实人的游戏，只要忠诚可靠，就可以参加董事会，完全忽略了董事会所需要的技能远远高于经营班子所需要的技能。

第二，混淆了治理与管理，单纯用治理去解决管理的问题。母公司的人派到子公司以后，为什么屁股就坐歪了呢？派到子公司的出资代表、财务总监为什么起不到作用？很多人认为这一类问题都属于治理问题，希望从意识规则上去强化。但是，这类问题其实都属于管理问题。

很多企业为了解决出资人不到位的问题，出现了一股就灵的倾向，认为如果子公司不听话就给他股份，有了股份以后，子公司就会听话。这当然是一个神话。其实谁都知道，给了股份以后，并不保证子公司会干得更好。举个很简单的例子，我们给了他10%的股份，这就不少了。而且该公司净回报是10个点，如果他从采购里面贪污1块钱，就是1块钱；如果他不贪污，这1块钱表现为利润是1毛钱，1毛钱分到他身上10%的股份1分钱。他会拿1块钱还是拿1分钱？

这是显然易见的。如果没有有效的内部控制和分析管控，事实上绝对不能阻止小股东侵占大股东利益。中国出现的一个倾向就是小股东侵占大股东利益。

另外，母公司把一些上市公司培育起来，把最优质的资产给了它，上市公司突然利用各种证券法律法规来把我们的母公司隔绝在外面。我们用最好的奶把它养肥了，养肥了以后它现在想到另立山头，这是全中国母公司都碰到的问题。

很多公司混淆了管理与管控，觉得对子公司必须还沿用过去政府管理的手法，如人员任命、红头文件等，这都属于管理的手法。但是对子公司已经不能这样管了，母公司顶多是控制，少数的环境下用公司治理的手法去管理，绝对不能再用部门去管理部门。

还有人把总部打造成出资人，认为子公司给你交点儿钱就可以了，你闭嘴，不要多讲，不就要点儿钱，拿着回去。还有人认为母公司就是服务者，提倡母公司为子公司服务，以至于母公司成了保姆，子公司所有的什么保险、子女入托，甚至爱人调到本城市来户口都由母公司担起来。还有母公司搞一个大厦，搞一个工业园区，提供非常好的服务，把班车啊什么都给子公司配起来。母公司搞这些事情，然后去收管理费，却发现根据会计规则收不到管理费，所以就另外创造一些收费项目，最后成了一个看门老头儿。其实，这些总部才真的是令人头疼。

最后，需要注意的是，内部交易是所有协同作用当中的一种。内部交易就是你的东西便宜给我，我的东西便宜给你，就仅仅因为如果你的税便宜了，我就把利润转移到你那里去；我的税便宜，你就转移过来。或者是，反正我们都是自家人，先使用再结算，反正是同一个财务体系，慢慢结算；我利用你的现金流，你利用我的现金流。这一类问题，都是典型的简单内部交易，它绝对不是真正的管理协同。真正的管理协同在下面我们会用卡西欧的例子，会用 GE 的例子，会用中国一些优秀公司，来详细说明。

第二节　母子公司管控的主要流派

首先，我们要纠正一个最基本的概念。有些人说，既然从组织架构上我们可以把企业分为母子的、事业部的、分公司的、矩阵式的，那么是不是管控也可以分为母子公司的管控、矩阵式管控、事业部管控和分公司管控。我们认为这是一个错误的说法。不管哪一类的管控，只要是有一个或少数几个核心公司控制其他经济体，形成一个经济板块，它们之间的关系，我们都把它笼统地概括为母子公司管控。这是我们首先要开宗明义的地方。

那么，全球的母公司对子公司的操作可以分为如下若干流派。

一、治理派——以美国为首，内部层层委托，外部强有力监控

治理派认为，只要给子公司搭建了一个有效的公司治理平台，母公司就高枕无忧，可以放羊了。这方面最典型的例子就是巴菲特。巴菲特所有的公司分为两种，一种是百分之百全资拥有的，这是巴菲特绝对不相信外人的一面。另外，巴菲特认为，一些经得起历史考验的优秀公司，如吉列、可口可乐等，是值得信赖的。这些公司之所以这么优秀，仅仅是或者其核心原因就是其治理非常优秀，以至于巴菲特敢于信赖，是纯粹的搭顺风车。这样一种管控手法，内部层层委托，董事会把这个经营的重责委托给执行委员会，执行委员会把它委托给经理班子，经理班子把它层层委托给部长，以及部长再把它委托给下面的员工等，层层委托。另外，在外部有强有力的监控，通过金融机构，通过股市，通过法律手段，层层地进行监控。只要有任何人侵犯到中小股东，或者任何人有异动，立即就会遭到法律手段，或者金融手段的制裁。

事实上，美国的公司治理，我们中国学了很久没有学到。这是因为我们没有美国这么庞大的中介机构、会计师事务所、审计机构等，也没有强有力的金融市场。美国有一些股评人员，终身只研究一家公司，其研究的深度甚至超过该公司现任整个领导班子对该企业的认识。比如，在美国的华尔街股市，有一位股评人员长期研究英特尔。他对英特尔非常了解，以至于英特尔一些现任的负责人在上任以后，要去拜访他，跟他交谈，听取他的意见和看法。由此可见，外部强有力的监控如果不存在的话，这种内部层层委托的管控，也会失去它应有的作用。

二、一体化运营派——全资子公司或模拟法人，内部分工

一体化运营派认为整个集团公司最好是整体上市，另外，内部如果有子公司，也应该是百分之百的全资子公司；整个集团公司一体化运作，一体化营销，

一体化研发，一体化采购，一体化生产，把子公司、分公司彻底变为成本中心，母公司担任责任中心和利润中心。这是一体化运营派。比如，IBM 很多机构就在彻底地运用这个所谓的一体化运营派。

三、强势集团派——母公司用交易换取管控

因为母公司太厉害，比如母公司可以贷到更多的款，母公司可以安排到更多的政治利益，母公司可以获得更好的人才，母公司在各个国家有非常好的超国民待遇，因此子公司使用母公司的超级服务和超级资源，并不得不听取母公司的统一安排。假如，子公司单独去贷款，可能需要 15 个点；而母公司去贷款，因为母公司强大的力量，可能只要 13 个点，乃至更少的点，那么母公司拿到了这个贷款以后，在 13 个点上面加 1 个点，也比子公司单独去贷款所获得的优惠要多。更重要的是，哪怕母公司加 2 个点，达到 15 个点，子公司也必须要明白，因为不需要子公司担保，很多风险是母公司在帮子公司承担，等等。这样一来，母公司因为它强势的服务，或强势的资源获取和整合能力，使得子公司对它不得不言听计从。比如，浙江最大的集团公司浙江物产，就是应用这种管控手法的一个典型。母公司强有力的金融服务，比如说安排转贷，安排各种各样的债券等，给子公司提供大量的这种服务，以至于子公司不得不服从母公司的统一管理，向母公司及时上交各种报告。因为道理很简单，母公司能力超强，可以给子公司提供众多服务，如果把母公司惹怒了，很可能就得不偿失了。这一类管控就属于强势集团派。

四、投资组合派——母公司类似基金经理

母公司把所有的子公司看做一个投资组合，你肥我就养你，你瘦我就把你卖掉；如果你从瘦养到肥了，而且我觉得我再经营下去，不如把你卖掉所获得的收益高，我就立即把你卖掉。母公司运用这种投资组合手段，管控子公司，积累利润。

五、内部控制派——强调秩序和安全

内部控制派异常地强调内部的秩序安全，为了内部的制度和安全，甚至不惜

牺牲子公司的发展，不惜牺牲机遇。比如，2004 年左右，阿尔卡特在全球砍预算。当时，中国阿尔卡特因为有一些非常利好的投资项目，希望总部能够网开一面，不要削减中国阿尔卡特的预算。但是，全球阿尔卡特没有因为中国阿尔卡特有几个很好的项目，就把全球砍预算的措施绕过中国公司不砍。如果保留中国阿尔卡特的项目，那么日本阿尔卡特也要求有几个项目要保留，菲律宾阿尔卡特也要求保留几个项目，这么一来，就使全球阿尔卡特的管控计划彻底被打乱了。因此在这样一种最基本的操作模式下，全球阿尔卡特可以牺牲各个区域公司的利益和可能的增长机遇。为什么呢？它要维系一个整体的管控模式。这听起来是非常荒谬的，但是事实上恰恰是母子公司治理的精髓和根本。到一定程度的话，很多大集团经营的要诀变成了稳健地生存，只要能够继续生存下去，哪怕再低的回报率也能够忍受。为什么呢？因为大玩家越来越集中以后，事实上一方面是在比谁的风险控制的能力强，另一方面在比谁的生命更长。在这时候，大集团事实上会逐步地趋于保守。

六、经理层激励派——用经理层激励化解信息黑洞

经理层激励派认为，既然长期有出资不到位问题，不如把经理层转化为投资人。这样，由原先的出资人不到位的问题，就至少在子公司层面上、分公司层面上，乃至总公司层面上有了看门人，有了牧羊人，有人帮我们把关，有人跟我们集团公司的利益是一致的。

第三节　母子公司体系整合的两种境界

全球大多数的母公司对子公司的操作可以主要地总结为以上这么一些流派。那么，从这些一些流派的背后，我们可以总结出以下两种最核心的思想。

一、单体的物理整合：个数积累，功能叠加，分层分类

这一种思想认为，母公司通过物理的叠加，一个一个地催生出各种子公司。而这种子公司的设立原因要么是异地管控，路程太远了，要么是跨行业太多，如

果用单体公司运营会比较困难。不管是因为行业因素，还是地域因素，对裂解出来的子公司，母公司一般都会采用物理上的管控手法，那就是母公司加强责任心，母公司加大工作力度，然后，派出到子公司的人员尽可能跟我们公司高管层是一条心的，甚至是我们母公司高管层亲手培育出来的子弟兵。另外，在这个基础上，尽可能地部门叠加。比如，母公司把原先的考核部门放大，把原先的计划部门放大，把原先的采购部门放大；同时，在子公司那里，也不得不让它拥有这种功能。这些手法我们就称其为物理的手法，只不过是把经营单个公司的手法放大了，相当于原先是经营着一个单个公司，现在经营着几十个单个公司。这就是单体公司的物理整合。在这种模式下，计划、经营、考核和财务运作，其实用的还是当初的单体公司的手法，这是我们必须要注意的。

二、多体的有机整合：母公司异化，横向管理体系，子公司异化

另外一种思想就是多体的有机整合。多个经济体之间的有机整合，首先是母公司的异化。何谓母公司的异化呢？传统意义上一个公司的运作，就是拿到各种资源，然后配置各种资源，再进行运作管理，并且对运作管理的效果进行检核，并且根据检核结果而进行调整和反馈。这就是传统意义上的一个公司的运作。但是，在多体有机整合的思想下，母公司不再是一个大管家，它变成了一个价值创造者。一个优秀的集团母公司并不是这样进行管理的，就是其实相当于把整个公司的管理中心上移，形成一个大的综合管理办，上移成为母公司。现在很多公司的物理整合就是这样的。综合管理办上移成为母公司，各种经营部门下移，成为子公司，这就是物理整合的管控。但是，多体的有机整合则是另外一番景象，母公司首先必须要有创造价值的功能，小到为子公司做猎头，为子公司制定更好的制度；大到为子公司安排经营上的一场婚姻，为子公司指明一条道路；或者整个母公司致力，把最好的资源注入到某个子公司，先把这个子公司培育成一个强大的娃娃，然后再让它输血给其他的兄弟姐妹。这都是母公司所谓的创造价值功能的发挥。在西方有人把它叫做母和优势，也有人把它理解为公司层面战略里面母公司所能起的一种重要的作用。但是总体而言，我们不可以把它归结为母公司的异化。

多体有机整合的第二个特征是横向管理体系。当一家公司下面聚集了几个行

业时，事实上都形成了一个所谓的横向管理体系。世界上没有无缘无故的爱，也没有无缘无故的子公司。母公司之所以把这个子公司吃进来，组成了一个经营分支，一定是有内在原因的。这两个公司之间可能在分享共同的一套融资关系，可能在分享一套经营技巧，可能在分享一个政府背景，可能在分享一套内在的这么一个地理关系，或者分享共同的客户。所以，任何一个集团公司下面的各个子公司之间一定是有逻辑的，绝对不可能是杂乱无章的多元化；至少从外表看来的那种杂乱无章，如果从内部分析的话，事实上是有很深刻的逻辑的。尽管有着深刻的逻辑关系，但还是需要用一套体系、制度的方法去把下面所有的子公司之间这种深刻的逻辑关系管理起来。而这种把下面的各个子公司之间的协同关系能够管理起来的一套制度、一套体系、一套战略、一套手法，我们就叫做横向管理体系。后面对这部分作详细的讲解，所以这里先放下不提。

最后，多体有机整合会出现子公司的异化。肯定地说，任何一个真正意义上的子公司，绝对是某些功能缺失的。它在整个价值链里，从研发一直到售后服务，从管理、财务、法务、人力资源等这么长的一个价值链里面，它一定是有功能缺失的。它肯定在某些方面是依赖于其他子公司，或依赖于母公司的。如果它是完完整整的，可以从头到尾完成整个价值链的子公司，那么把放在一个母公司下面，是绝对没有任何价值的。一个个体户可以通过一根钉子、一束线头，可以把一个公司挣到15%的赢利率。但是，如果把同样的这家公司放到一个集团公司下面，如果能够挣到5个点、10个点就已经相当不错了。为什么呢？集团公司天生是高消耗的，这种精细化管理，每一个角度都要费尽心机地去管理的手法根本不适合于集团公司管理。集团公司必须要知道，如果作为一个集团公司存在，或者在下面有若干子集团，集团公司所有下属的子公司必须有一个最清楚的特征，就是要分享集团公司，或者子集团公司的某些功能，并且因为分享这些子集团或母公司的这么一些功能，能够获得更高的收益，否则，这种集团化是没有价值的。也因此有很多集团公司自恃我是个集团，认为凡是个体户，凡是社会上其他人，单体公司能干的好的业务，几乎都可以放到我母公司里。这是个非常偏执和无知的认识。子公司的这种功能缺失就是所谓的子公司异化。

第四节　母子公司管控之难

全球的所有的母公司对子公司的管理的问题，我们简单地在这里讲了这么多以后，可以列举为八点。

第一，系统之难，设计出一个系统真的很困难。像你们刚才看到的，要设计出一个既能够复制，又能够降低损耗，又要一体化的系统，真的是非常困难的一件事情。更何况子公司是千变万化的，每一个子公司的业务成熟度是不一样的，子公司的业务负责人的能力是不一样的。

第二，集分之难，是集权还是分权，分寸怎么把握，这是很困难的。更重要的是，这个集分权不是传统意义上的你集什么权、我分什么权，而是母公司如何把保障性、程序性这些东西控制好，而子公司具体作业务决策。

还有整合之难，母公司就像一个糖葫芦的扦子，要把好几个水果串起来。那么母公司的整合模式是什么？母公司为什么可以把所有的子公司串起来？如果你是个太子党公司的话，你就说没什么，因为我爸爸是谁，这个道理很简单，这就是为什么。如果你是一个普通的企业的话，你必须告诉你的逻辑是什么。比如江南模塑的整合逻辑，他们的逻辑是什么呢？因为他们是给企业做保险杠的，也因此他们还做汽车装饰件。还有，他们自己做汽车销售，他们以后还准备做整车。另外，他们做了一个宾馆，为什么呢？很多人要来买他们的产品，来了以后总要地方住，所以他们就形成了这么一个他们所理解的产业内部的有序性。当然，这个有序性值得商榷。

机制之难，如何有效打造一套机制？机制和制度最大的不同在于，制度是一个死规定，机制是个活的运行。比如，我们规定了一个制度，收到万元以上的贿赂要上交，这么个制度。但是如何保障这个制度实施，上交了以后有什么好处？这就需要一套运行机制。机制是制度及其运行办法，对制度还要有一套运行的办法，这套东西就叫机制。比如，干部选拔机制，我们有干部选拔标准，很多公司有干部选拔标准，但是如何根据这个标准把干部选拔上来，比如通过每个月或每个季度都有干部选拔会，子公司里面每年通过述职，把可能的经营班子选出来，接班人选出来，长期对他进行考察，最后在适当的时候对他进行任命，这些叫机制。事实上很多公司里的确有很多的制度，但是没有机制。

复制之难，一个公司出生入死，经过这么长时间经营，好不容易获得了一套机制，那么这个机制如何复制？有很多母集团与子公司之间的关系事实上是可圈可点的，非常良好。但是如何把它复制到全国去，复制到全区域、全球去？母公司好不容易探索出这套东西以后，事实上是很难把它复制出去的。因为传统意义上，很多母公司，比如复星，复星是中国最优秀的一家民营企业，但是它既有机制的成分，也有人治的成分。就像很多企业里面的老总辞职，准备出去单干，觉得这个公司经营这么简单谁不会，但是出去以后发现很多事搞不定，为什么？过去他在公司里经营的时候，可能这个公司的财务能力很强，或者很善于从中央要到政策，所以在经营上根本不会碰到问题。他总觉得我把我的这一块搞好，这一块才是公司的命脉，但出去以后发现，柴米油盐酱醋茶，都是企业经营的要素，少一样都不行的。那么，这就是所谓的复制之难。

结构之难，如何设置一个有效的结构？企业常常会有这样的疑问，要不要把营销总部放到集团总部，子公司要不要做营销？其实，这些并不是最重要的，前面的问题解决了之后，组织结构是把刚才的解决方案设计出来，实施出来。

驱动之难，母公司如何有效地驱动子公司，如何给子公司设定一个指标而且这个指标子公司容易接受？现在，母公司跟子公司的关系非常的可悲。母公司设定5亿元的指标，你子公司答应不答应？出现两种情况，第一种是答应，行，反正我子公司只完成3亿元你也不能拿我怎么样。第二种是子公司想方设法讨价还价，讨成2亿元。事实上子公司心里知道自己的能力，自己肯定至少能完成2.5亿元，所以，给母公司答应2亿元，很轻易地把母公司的奖金弄到手，而且还保留一点，防止母公司明年加码。母公司与子公司之间的关系就这样可悲。所以有可能出现一种状况，一个子公司没有婆婆以后能干出4亿元，有了婆婆以后可能只干出2亿元来。

审势之难。大家知道，所谓的管控模式是防君子不防小人的，一旦出现问题以后，母公司就应该把所有的权力抓在手里，专门来处理；并不总是为了注入管控模式，子公司在下面捣乱，母公司也不敢讲。经常碰到一些董事长，经常诉苦说，我现在因为董事长跟总经理分开，所以有些权力，我知道我不应该去管。但是我看到出错了我就很着急，可是我不能管，因为我是董事长。所以这是一个很荒谬的说法。没错，你是分权的，但是你明明看着这部分是有问题的，但是你又是受到董事会委托、股东大会的委托，你是负全责的，你为什么不应该管呢？这是我要问的。这是审势之难。

第五节　母子公司管控中常见的问题

母子公司管控中常见的问题，这里我们把它们归结为：

一、集团没有战略，沦为出资人

很多集团认为集团怎么需要战略呢，我们下面有 5 个子公司，5 个子公司的战略加起来就是集团的战略，因此我们母公司不需要战略。这是很荒谬的说法，这样母公司不就是个出资人吗？不就是个投资者吗？其实母公司还需要本身的投资组合战略、业务组合战略、横向战略，母公司集团必须要有这么一些战略，否则，母公司就会变成子公司战略的看护者。如果 A 子公司要 10 亿元，B 子公司要 2 亿元，C 子公司要 5000 万元，D 子公司不要钱，E 子公司还可以把利润交给母公司，在这种情况下，母公司怎么分配资金呢？分配的时候是不是按照所有要求和母公司的资金缺口打折？我们资金只有七折，因此每一家公司按要求打七折分配，但是这样做道理何在？我们为什么会把房地产做大，为什么会把轮胎做小，为什么要上汽车，为什么要做金融？我们的道理何在，我们未来究竟想干什么？

二、总部空心化、文职化

很多总部都已经文职化，而且大家知道，没有人愿意到总部来干活了，因为总部的薪酬各方面其实是非常糟糕的。我们就这么说吧，没有一个老总敢拍着自己胸脯保证总部的人比子公司相应岗位上的人拿的工资高。为什么？子公司的人在相应岗位上，哪怕他表面上拿的工资低，最后他的职务消费综合下来就可能会比总部高。那么这就出现一个悖论，一些人在子公司干得有声有色，但是，把他提拔到母公司，他的业务线条断掉了，社会关系断掉了，专业能力断掉了，把他沦为一个管理者，那么怎么去补偿他，怎么用股权跟基金去补偿他？很多集团公司里都没有相应的补偿，这样就势必导致母公司有能力的人往下跑，实在跑不出去，要么辞职，最后剩下一些兢兢业业、很有能力的一些高管层和能力非常差的中层组成的一个母公司。这是全中国共有的现象。事实上总部文职化是中国之大弊。

三、用单体公司的管理手法去管理集团型公司

很多集团公司无法用跨层次管控代理直接管理骨干。现在我们还在直接干预，但是我们必须跨层次管控，必须进行管理的管理。还有，母公司服务差，业务不增值，而且这个服务是服子公司所不能之务，而不是纯粹的提供一些低级的服务。母公司既然号称人力资源是最好的，既然号称社会形象是最好的，既然号称政府关系是最好的，所以母公司所能提供的服务绝对应该是超级服务，属于点化的这种服务。

四、横向战略没有

整个集团里面若干个产业之间的横向战略没有，而且财务漏洞大，子公司内部人控制，法律架构妨碍了管控。子公司认为自己就是个独立的法人实体，母公司不能管子公司，这就是最可笑的一点。过去我们制造防火墙，说子公司不能乱插手是为了保护母公司，就是发生的各种账务危机不妨碍到母公司，所以设置防火墙。现在子公司却利用这条来制约母公司，不让母公司管理子公司。这里面一个很简单的道理是，按照公司法，子公司的管理权和决策权可以委托给其他机构，所以，这个管理权或决策权可以委托给母公司董事会，母公司董事会再把它委托给母公司总裁，委托两次，母公司就可以管到子公司，而且是完全合乎于法律的。我们现在很多的集团公司就是被这一条彻底地拿住手脚，觉得子公司是一个独立的法人实体，母公司没法管理子公司。但这里面还有另外一条悖论，母公司一管，子公司就说，我们销售完不成，看是不是由母公司负责，母公司就害怕了，就不敢管理。因为一管理子公司销售就完不成，完不成母公司就考核不了子公司，那就干脆不管了。

第三章

华彩母子公司管控的核心解决方案

第一节　母子公司的核心解决方案：治理 + 管理 + 控制

一个企业的核心解决方案必须是治理加管理加控制，一句话就是治理加管控，管理加控制，我们合起来叫管控。治理产权及决策的管理，治理结构，多层次委托，治理的运行与优化，这是治理。管理无外乎就是运作和效率，而控制包括授权体系、流程控制、决策程序、财务内部控制等。

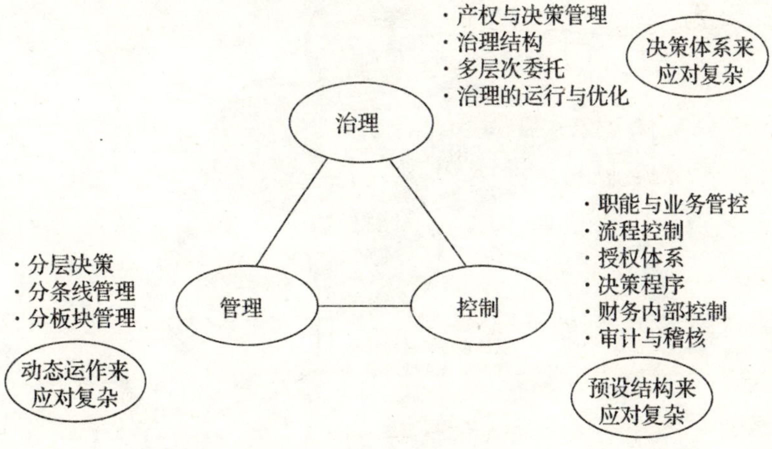

图 5－4　治理 + 管理 + 控制

我们这里以 GE 为例，看看 GE 是怎么管控的。GE 管控整个外围，在外围的这五个圈，对事业部怎么管好，首先是建立一个有效的组织架构，然后建立一个有力的领导班子，然后制定一个有效的战略，然后通过目标管理和过程管理结合，推动战略实施；最后考核、检查、传帮带，在感情和创新中前进。

GE 的管控是我们从来没有见过的深入。GE 管控几乎是一竿子捅到底，一竿子捅到底的重要手法就是六西格玛。整个 GE 的管理体系有四个核心的环节：人才激励与发展计划，战略规划、计划，衡量与监督机制，以及群众化的创造变革和质量活动。这个质量活动就不是单纯意义上的、我们狭义上的产品质量活动，GE 的六西格玛就深入到管理里面去了，对整个 GE 的运行逻辑简化。

如果把刚才这个大图简化，就可以发现，GE 的核心是运行综合机制，包括计划、衡量、控制、考评，计划，一直到各事业部预算计划。每月要对子集团和子公司开会的时候，大家都觉得非常可怕。我们来看看 GE 的衡量是怎么做的：每月衡量和每周里程碑承诺，每周承诺。事实上全球没有一家公司可以像 GE 这样把绩效管理做得如此深刻。

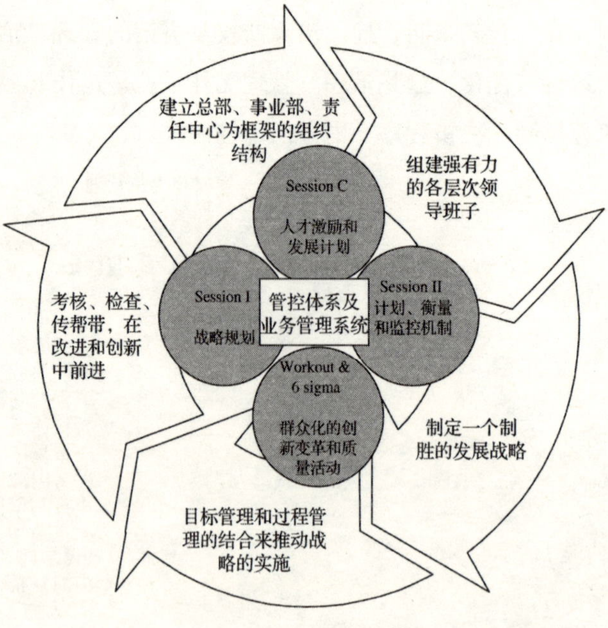

图 5－5　GE 管控系统

中国有一家公司曾经做得非常好，那就是德隆。德隆对它远在新疆的四级子公司可以做到每月偏差分析。尽管德隆倒下了，但是事实上我们看到的，每月都根据预算和计划进行偏差分析的，中国做得唯一优秀的就德隆一家。我们很多公司不能做到每月偏差分析，但总有很多的理由，我总部的人手少啊，管理力量薄弱啊，财务系统不健全啊，还没有上 ERP，有很多的理由。但是，事实上，母公司下面的子公司越多，这种衡量手法必须越来越深刻。我们知道，对子公司的管理是一个非常费力、非常吃力的事情。

控制，包括差异分析、战略调整、资源调配、Workout、六西格玛，最后是进行考评。整个 GE 的内部管理之所以有效，之所以能干出这么高的利润来，事实上就是由此来决定的。

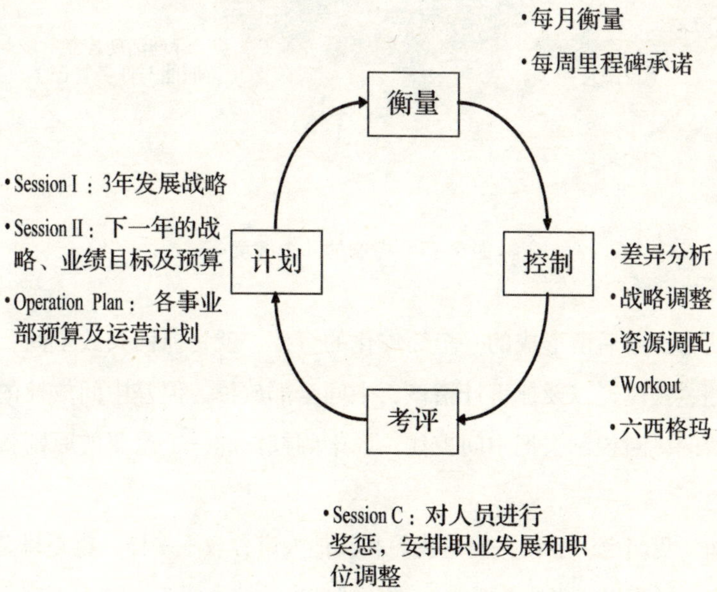

图 5－6　GE 管控系统的运行逻辑

第二节　母子公司管控的主要着眼点

母公司对子公司会进行管理体制的控制（计划和决策控制），管制活动的控制（职能与业务控制），关键资源的控制（资源控制）。管理体制就是通过计划和决策实施的，而管理活动是通过职能与业务管控来实施的，最后关键资源的控制是通过资源控制来实现的。资源小到钱、人，大到政策，大到母公司的核心的一些能力，如何来配合，这都属于母公司对子公司的控制要素。

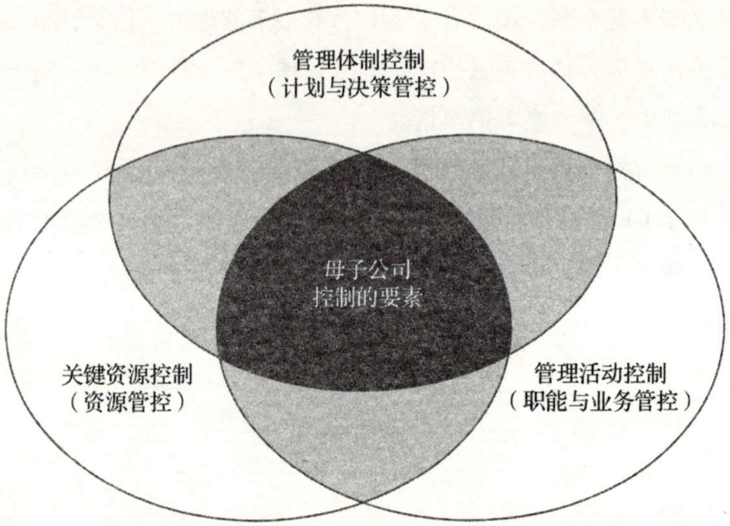

图 5－7　控制的几个纬度

我们认为，最后所形成的一个简单化的管控，就是抓两头放中间：母公司抓战略、计划、预算，以及抓审计稽核，中间全部放掉。但是中间放掉的话，必须有一些有效的风险控制去把中间控住，而中间控住的一个重要的原则就是分权与分层决策。

这里面，我们也讲分权，但是我们和其他人讲分权不一样，就是母公司首先保证合乎程序，子公司上来一个报告，母公司首先看这个报告、这个战略、这个投资是不是合乎程序性、程序对不对。其次，看这个报告的透明度，看它所取得的数据是不是公开的，他是不是请了社会上值得信赖的一家会计师事务所或者投资公司做的这个报告；还有，风险有多大；另外，做这个报告的团队是值得信赖的吗。

我们在这里客观地说，在同一家公司里面，同一套管控模式下面，两家不同公司的人会得到不同的待遇，为什么？因为你对 A 子公司的经理班子信赖了，所以他拿上来一个风险很高的报告你就批了。对 B 子公司的同样一份报告你可能不批，为什么？你对他的班子不信赖。这是没有办法的，你对他的团队不信赖。还有呢，这个报告它的可理解度有多高？如果你们就是做一个纺织企业，他子公司

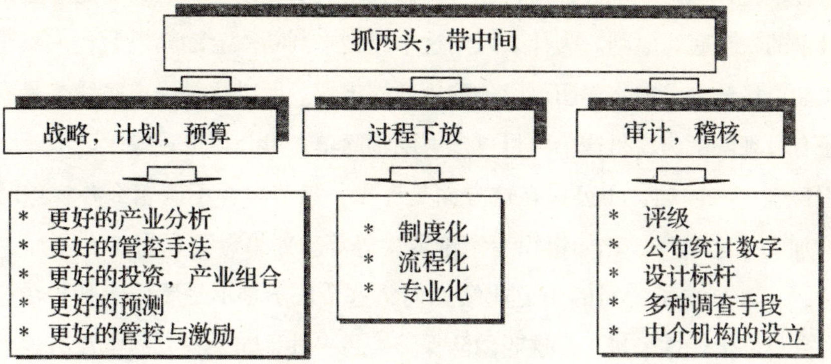

图 5-8　管控的核心原则

上来一个互联网的投资报告，真的会疯掉。但是他上来一个，比如说纺织机械改造、技术升级换代，你们可能很容易理解。你母公司所负责的就是这么简单的，剩下的是子公司来决策。

所以呢，这个分权和刚才传统意义上的分权不一样，甚至我们可以理解为刨权。任何一个权由若干层次构成，母公司管理一些可控制因素，但业务上子公司准备怎么做，这是没有办法管理的，母公司必须信赖这个班子。

事实上，母公司的人善于进行程序性的组合，所以他们一定是善于制度设计的一些人。所以，尽管有些人在子公司里业绩出众，但是，他如果不善于做制度，也不能把他提拔到母公司来。现在我们有一个很简单的看法，县长干得好的就可以做市长，市长干得好的就可以当省长，省长干得好就可以到中央当副总理去。其实这是错的。有些人，他就是善于在子公司里面和工人打交道，和经销商谈判，善于和供应商喝酒，所以业绩做得非常好；但是如果提拔到总部来，他这套没用。所以，总部的人至少要有程序系统。另外，总部的人要有很广的人脉，要有很广的关系，和学术机构要有很好的关系。因为总部所涉及的、所管辖的资产种类实在太多。比如说搞一个房地产专家，或者搞一个百货专家，总部的人必须有通达的人脉和学术关系，可以组织到专家来论证某一个项目，可以对所有的决策作出透明性的判断。还有，是风险管控，这个项目有多少风险，这个项目的风险可不可以管理。中集当初为什么作出那个看似很荒谬的决断？道理很简单，中国就是全球最大的集装箱市场；而且铝，中国铝矿几乎没有，中国的铝冶炼出来成本很高，尽管很轻，但是成本会很高；在中国做钢箱其实更便宜。这其实是中集集团判断时最笨的一个底线原则。为什么采用这个原则来判断？上钢箱以后，大不了日本人把高端市场拿走，中集集团可以争到中低端市场。所以这是一个底线，是有保障的，还有可理解度。就是这个项目可理解度很简单，母公司也看得懂。

但碰上一些问题，子公司在这方面是专家，母公司看不懂怎么办？这时候就必须增加它的透明度，比如组织专家论证，等等。如果母公司根本看不懂，有两种做法，一种是看子公司的历史业绩如何，这个班子是不是屡战屡胜。在这种情况下，就只好信任这个班子，这叫团队保障。另一种是如果各方面都没有信赖，心里完全没底，而且这个班子也不能信赖的话，一般情况下，母公司会把它砍掉。

第三节　华彩母子公司管控体系

我们如果要把母子公司管控做好，首先一个基础是要设计一个非常好的管控体系，而管控体系首先要设计一个非常好的集团战略。因为集团战略驱动组织体系的整合，组织体系的整合驱动管控模式的设计。

到这时，我们的管控就可以开始运行，然后我们要进行职能和业务的管控。职能和业务管控有必有和或有之分。必有的职能管控包括：战略、财务、人力资源。或有的管控包括：研发管控、供应链管控、营销管控、品牌管控。对于或有的管控，有些企业会采用，而有些则不会采用。还有两个是辅助管控，即流程管控和预算管控。

如何做有效的战略计划，还有经营计划怎么做，预算体系怎么做，业务评价怎么做，管理报告怎么做，绩效管理怎么做，审计检查怎么做，这些都是建立管控体系必须解决的问题。举个非常简单的例子，母公司里的各个总监应该多长时间给母公司管理报告，管理报告有统一的格式吗？子公司的老总应该多长时间给母公司管理报告，管理报告有固定的格式吗？子公司的老总应该多长时间收到他下面的部门负责人的管理报告，这个管理报告有固定的格式吗？这个管理报告会抄送给母公司吗？这就是管理报告系统。其实企业里面，目前的管理线都比较单调，主要是口头的交流，你口头告诉我一些情况，我口头反映一些东西，不能有效形成一个会议系统。另外，子公司层面上不能有效地形成一个管理报告系统的话，这个子公司的良好运行是不能指望的。

比如，我们公司多长时间开一个经营班子会，多长时间开一次经营例会，多长时间开一次资金调度会，多长时间开一次人才例会；紧接着条线会议怎么开，子公司的会议怎么开，这都是我们的管理机制必须设计出来的。

还有业务管理系统和横向管理。

上述这一切搭建完了以后，我们还必须关注管控环境。如果管控环境好的话，管控会搞得更好。如果环境不好的话，我们必须花时间改善我们的管控环境，包括经常改善管理职能和流程。比如有些流程 5 个人批，如果没有意义，得逐渐地分批次地把流程优化起来。

还有，我们的信息管理做得好不好，能不能彻底地把子公司作为一个透明体？我们与子公司之间有玻璃墙，能不能把子公司管理起来？还有，我们有没有一个有效的风险管控？既然你设立了子公司，我们就不可能彻底地手把手地去管它，我们只能通过有效的计划、预算、战略来管理它，事后来进行审计和稽核，中间会放掉。但中间放掉的话，中间依然会有风险，我们如何对风险进行管控，

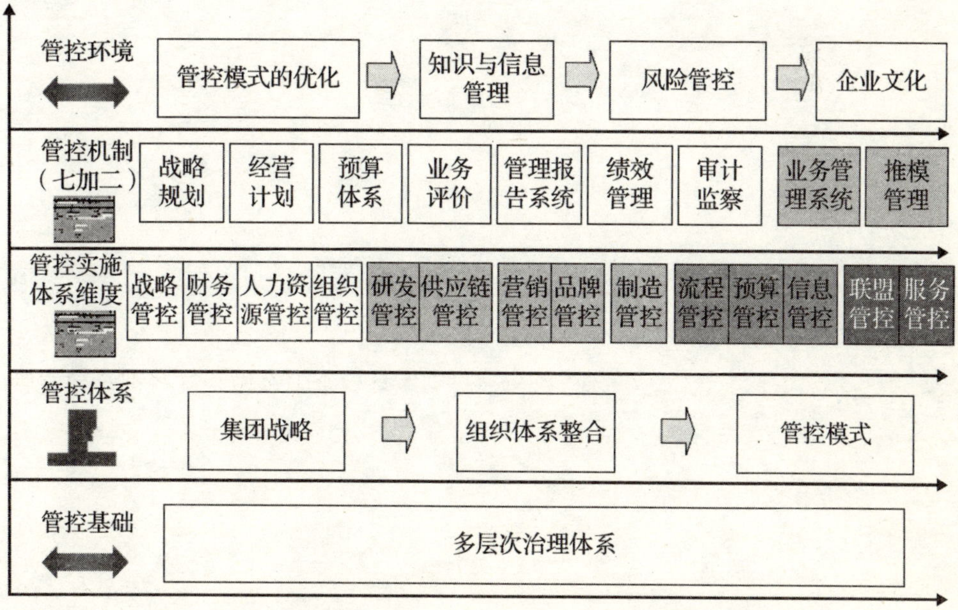

图 5－9　华彩公司管控母子体系——母子公司管控是一个系统工程

中间的业务怎么决策？最后，如果我们公司有很好的文化，管理会更容易；如果文化不好的话，管理会很困难。

近几年，整个中国的学院、整个中国的理论界都在讲分权，所以在这个分权的大环境叫嚣之下，母公司的管理很受质疑。又比如说很多子公司每天盼着MBO，甚至打了好几次报告，现在突然说母公司要强化管理，子公司事实上一定会消极对抗。有很多子公司为了尽快MBO，故意把近两年业绩做得很糟，想资产评估的时候占大便宜，所以里面的矛盾是显而易见的。我们必须把一些问题放到文化因素上面去处理，这就是整个的管控体系的设计，我们必须讲它是一个系统工程。

第四章

华彩母子公司管控体系

第一节 公司治理体系

公司治理管控就是指通过良好的公司治理来达到提高集团公司管控能力的制度、程序和方法；是在所有权和控制权分离的条件下，为调动利益相关者的积极性以提高经营绩效，而以公司的合同关系为基础，在公司的利益相关者之间合理配置权责利的一种制度安排。公司治理是现代公司制的核心和精髓。

一、加快建立健全适合母子公司治理的法律、法规

尽快研究制定企业母子公司治理原则及其与公司治理相关的配套法律、规章制度，以指导企业母子公司治理实务，使企业母子公司治理向着规范化方向发展。通过建立适合母子公司的股东大会规范意见、公司章程指导意见、公司治理准则、独立董事指导意见等法律、法规的制定，进一步明确母子公司与其全资子公司和控股子公司的权利、义务关系，真正建立起公司间的法人关系，从上市公司的“上级”源头予以规范。

二、改善母子公司的治理结构

母子公司的治理结构是一种复合型的。母子公司的股东代表大会、董事会、监事会和经理层之间的责、权、利划分及其相应机关之间的连接关系构成了该母

子公司治理结构的主体框架，其中董事会是母子公司治理结构的关键或者核心。根据中国建立母子公司现代企业制度的实际情况，母子公司治理结构与其母公司治理结构重合，母子公司董事会既是母公司的经营决策机构，也是整个母子公司的战略管理机构。以母子公司董事会为主与高级经理人员一起研究确定全资子公司的治理结构；以母子公司董事会为主与其他参股股东一起研究确定控股子公司的治理结构。控股公司要通过向子公司股东大会派出股东代表行使股东权利，严格遵循法律、行政法规、公司章程规定的程序向子公司提名董事、监事候选人。控股子公司治理结构中各个治理机关的主要成员由集团母公司派出，相应治理主体（机关）上有一定的人员交叉，控股公司的董事可以兼任全资或者控股子公司的监事会主席，或者执行人员（包括总经理、副总经理、财务负责人、营销负责人、董事会秘书等）；在参股公司的治理结构中，集团母公司要根据参股的多少，派员加入股东大会，甚至进入董事会。这样，在母子公司（母公司）、全资子公司、控股子公司和参股公司之间形成了一个复合的公司治理结构，其治理结构的核心仍然是母子公司（母公司）董事会。因此，要抓好母子公司治理结构的规范设计与建立，解决好目前母子公司缺少股东大会、董事会不健全、董事长与总经理普遍兼职的问题。

三、健全母子公司的治理机制

在母子公司治理结构的框架内，真正提高公司治理的效率和能力，还必须健全母子公司治理机制。这种机制是为了提高公司治理效率和能力而建立起来的一系列公司治理制度、规章的综合。母子公司治理各组成部分的功能作用是不一样的。通过治理机制的建立，使集团母公司、子公司的股东、股东大会、董事会、监事会及经理等主要利益相关者或公司治理机关逐步形成有关公司治理的理念、目标、哲学、道德伦理、形象设计、制度安排等，这种治理可称为文化治理，其目标是形成具有特色的公司治理文化；通过决策机制、监督机制、利益机制、风险机制、行为规范的建立等，使集团母公司、子公司的股东会、董事会、监事会及经理层等主要公司治理机关向着科学决策、提高绩效、增强透明度、平等对待各个股东、保护其他利益相关者利益的方向发展，这种治理可称为行为治理；通过投资机制、融资机制、审计机制、信息披露机制、资本结构优化及股权控制机制、激励与约束机制的建立等，使集团母公司、子公司的股东及股东大会、董事、董事会及其专业委员会、监事及监事会、经理及经理层等公司治理机关或主要利益相关者按程序办事、有效决策、真实地披露信息、避免或减少经营风险和财务风险、防止舞弊和财务欺诈，向着有效配置资源、扩大公司影响、提高公司信誉和公司价值最大化的方向发展，这种治理可称为财务治理。公司文化治理、行为治理和财务治理相互关联、相互渗透形成公司治理体系。由此可以看出，母子公司治理结构必须在健全的治理机制运行下才能显示出它的威力，充分发挥治理作用，特别是投资治理机制、融资治理机制、信息披露机制、资本控制机制、激励与约束机制等重要机制。

四、将财务治理问题作为集团母公司和子公司治理的重中之重

事实已经证明，像美国的世通公司、安然公司，中国的银广厦、东方电子等等，问题多出在财务上。因此建立健全良好的财务治理结构和治理机制是非常必要的。有效的投资机制，可以保证投资决策的科学性，以避免或减少投资失误；有效的融资机制可以保证融资决策的科学性，以避免或减少财务风险；有效的利益分配机制，可以保证股利分配决策的科学性，有利于防止大股东伤害小股东利益的现象发生；有效的激励约束机制的建立，可以对代理人和经营者产生巨大的作用。薪金、职位消费、期权、声誉等各种激励机制和各种审计监督、约束机制的有效结合与综合运用，在一定程度上可以激励代理人和经营者效忠于公司、重视公司的长远发展，减少短期行为和机会主义行为；降低道德风险、逆向选择和代理成本；有利于提高优秀企业家的社会声誉、培养企业家创新精神、敬业精神、强烈的社会责任感与成就感。良好的股权结构的优化机制有利于减少“内部人控制现象”，消除或减少一股独大、大股东侵害小股东利益的现象，有利于实现“公平对待各个股东”。有效的信息披露机制有利于保证财务会计信息的真实性，防止财务信息对投资者的误导，增强信息披露的真实性、可靠性；减少和预防会计信息舞弊，防止财务欺诈，保护广大投资者的利益。有效的财务治理，有助于协调母子公司经济利益关系以及各个利害相关者在公司运营中的矛盾和冲突，减少摩擦，增强凝聚力和向心力，促进公司文化的健康发展；也有利于实现公司治理的各项目标，有利于使公司向着预定的目标方向发展。

五、强化上市公司的治理能力

上市公司必须要加强自身素质的提高，特别是公司治理能力的加强。通过理顺母子公司治理关系，健全自身的法人治理结构和治理机制，提高抵御非正常关联交易的能力；增强法人、法律意识，时刻维持自身的法人地位，学会用法律武器保护自己。

六、完善监督机制

建立健全母子公司、上市公司双向、有效的监管处罚体系，并且要加大力度。强化监事会的监督职能，在董事会设立独立董事，在监事会设立独立监事，并充分发挥独立董事、独立监事的作用；内部监督、外部监督、社会监督、媒体舆论监督相结合，发挥机构投资者银行在公司治理中的监督作用，发挥证券市场的控制权竞争机制、收购兼并机制和股东投票机制的作用等。要在监管上市公司的同时监管其控股公司（母子公司），发现问题一并处罚。

第二节　组织体系整合

单体公司的组织结构的设计的决定因素，主要是：战略、业务流程、信息技术、市场环境、行业环境等。但母子公司的组织结构的设置应该是全局一盘棋，因此，在母子公司组织体系的整合时需要考虑的还包括“管控的需要”。或言之，这是单体公司和集团公司组织体系整合中最大的不同点，也因此几乎是最重要的一点。

一、集团总部核心职能功能定位及实现

集团总部首先应该是一个价值创造者，其次是一个宏观调控者，再次是产业管理者，至少要把旗下一两个核心产业做大做强，否则的话，集团是没有基础的。集团公司一般会建立战略管理中心、资本运营中心、资源管理中心、经营协调中心和监控中心等相关机构，去实现以下四个方面的功能：战略管理、风险控

制、运营协调和职能支持。

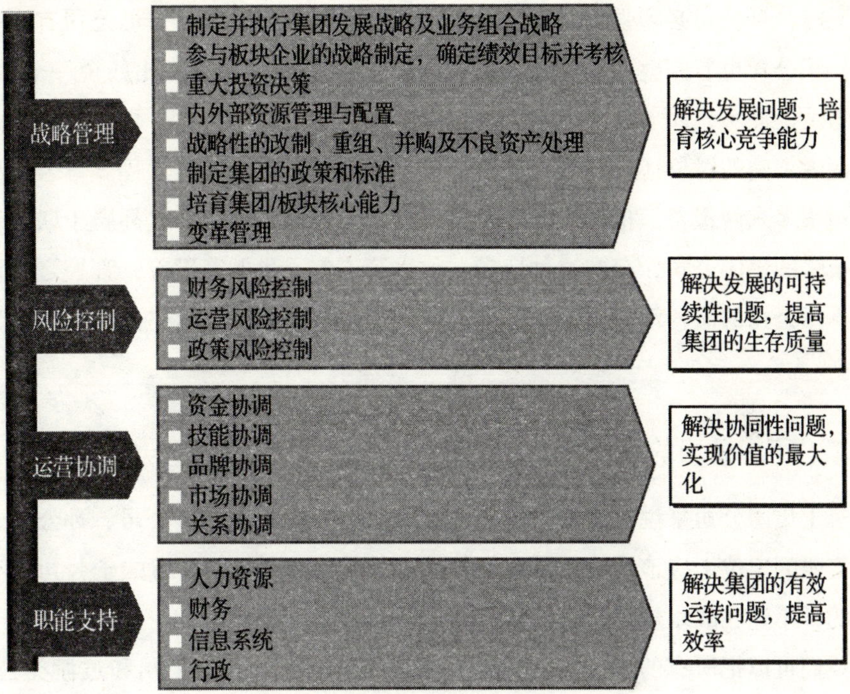

图 5－10

母公司不管设置怎样的组织架构，第一，部门负责人至少应该是对子公司业务了如指掌的一个老手，甚至是在子公司里最调皮的一个诸侯，把他调过来。这种人当初在下面很难管，但是放上来以后，管其他的弟弟妹妹确实是很有能耐的。但是会带来的一个负面的影响是：这种人如果上来以后，他的业务线条，他的资源可能全部断掉。并且这种人可能不愿意来，即使暂时愿意来，长期而言的话，你所给他的薪水，你所给他的机会事实上相对于他在子公司位置上是贬值的，很可能不安心这个工作。当然，部门领导人搭建也可以从市场上去物色在其他同行业公司证明其才能的人员。还有一个关键的问题：就是总部设多些部门，还是设少些部门。现在很多总部，喜欢做“大中心制”，很多功能放在一起。事实上即使你做“大中心制”，大中心下面也应该有很多的次级部门。从优秀的集团公司这两年的管控实践来看，母公司横向的部门设置越多，部门里面培育的好苗子干部越多，对于下一步的管控的效果就越好。传统管理上觉得母公司，部门相对少一点，功能集中一点。但是，如果母公司没有培育优秀人员、培育复合型干部的这么一个设想的话，事实上你下一步的扩张就很难实现。

同时，母公司必须强化联结性流程和制度。很多集团里面，母公司有完整的流程，子公司也有完整的流程与制度，但是联结性流程没有。比如说一个预算，母公司由上而下，预算下来了以后，子公司怎么联结，联结完了怎么由下面上去，两者之间的讨价还价的部分怎么解决，这都属于联结性的工程。母公司要求子公司很多东西报备、报批，那么报备报批的时候怎么流转，这都属于联结性工程。很多的集团公司，存在这种地带，你也管不着，我也管不着，管控之所以出问题，母公司的流程没有出问题，子公司的流程也没有问题，往往联结地带出了问题。

二、下属公司的定位

对于集团公司来说，它的下属公司即我们通常称之为的子公司、孙公司，首先在集团的定位上应该明确的是它们彼此之间是不相同的，所有的子公司是有所区别的，不论在战略规划还是战略定位上都是有所区别的。

我们可以把所有的子公司分为投资成长类公司、盈利类公司和过渡类公司。所谓投资成长类子公司，这类子公司特别强调的是成长，以长期的发展壮大为主要目标，是当作集团未来的核心业务加以培养开发，允许现阶段的不赢利甚至亏损。例如某企业几年前投资一网游公司，虽然受大环境的影响，网游市场刚刚起步，整个市场的潜力还未完全释放出来，该公司连续几年的收益并不好，甚至出现亏损。但经过培养，和母公司对市场远景的清晰把握，目前该网游公司已经发展迅速，正在筹划上市，而一旦上市成功，之前投入的少量资金就将数倍甚至数百倍得以回收。而另外一类赢利类公司，它的目的只有一个，就是稳定地为集团带来大量现金流。例如国美集团下的家电连锁企业就属于这一类型子公司，可以为集团带来稳定、高效的现金流。最后一类是过渡型子公司，主要就是做投资用，发展到一定阶段之后可以通过出售方式换取大量现金。

第五章

管控环境

在谈论母子公司管控的时候，人们往往关注的是管控模式、管控体系、管控机制等方面。其实，在选择管控模式、构建管控体系、评价管控机制的时候，必须对管控环境进行深入的考察和研究。

华彩认为，管控环境至少包括四大方面：跨层次管理职能和流程的协同性促进，信息管理，风险管理和企业文化。

第一节　跨层次管理职能、流程的协同性促进

关于管控环境，一个集团公司的总部，首先要努力去促进跨层次的管理职能流程的协同。包括：信息管理与应用，信息管理能力怎么样，应用能力怎么样；ERP 是不是能够把子公司的一些日常运营数据抓起来，能够给集团总部提供很好的管理的依据。甚至有一些管理界面软件，就是在 ERP 之上，能够把它运行的一些数据抓出来，进行协助、进行分析的这么一些东西。

还有市场拓展能力，业务创新能力，风险控制能力。胆子越大的母公司对子公司放手越大。但是放手越大也意味着风险管控能力越强，风险管控能力强到一定程度的话，就会在外面看着大放大包，但是从里面看就知道，事实上处处有制约。我们觉得这样子公司经营起来是很舒服，真正碰到风险母公司立即喊停，没碰到风险之前子公司可以拼命地玩，对子公司来讲经营很过瘾。

还有资源整合能力，企业内部资源共享机制怎么建立，其他子公司的客户能不能拿来交叉销售，两家子公司都有采购的话，能不能结合起来进行采购等，都属于资源整合。

其次，融资与财务管理。不管集团好与坏，这种最基本的能力是必须花时间打造的，不管你用什么模式。

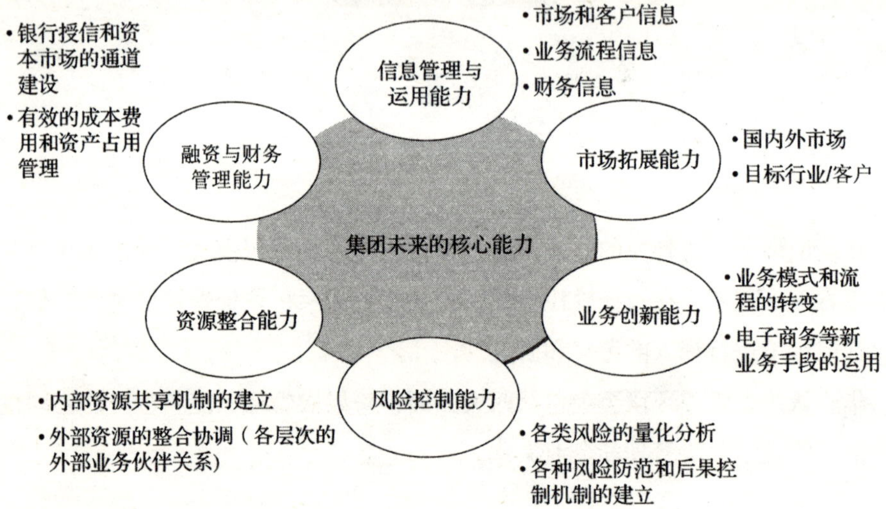

图 5－11　集团未来的六大核心能力

第二节　信息管理

一、信息管控的原理和作用

再来看看信息管控。信息管控的原理还是比较简单的：谁来收集信息，收集什么信息，用什么渠道收集信息，收集信息的频率要多高。有些集团公司里面，子公司要求信息日报制。比尔·盖茨说得好，他可以以每一分钟为单元对整个微软进行财务分析，因为他们内部信息化已经到了一个非常高的程度。普通公司听到这种话，只能感觉到，一个是不可思议，另外一个这属于一种真正很奢侈的状态。那么，这样一种信息全部收集起来以后，信息如何来汇总，谁来汇总？像这里的信息包含多种意义的信息，放在电脑里的信息，各种财务信息和管理报告，一些口头的信息，文字面的信息，事件面的信息。

那么，为什么总是把信息部放在办公室下面呢？那是有一定原因的，因为这种数字面的量化的信息和这种口头面的事件的信息综合，必须有个集结点，这个集结点往往是子公司的办公室，然后综合汇报到母公司的办公室。当然，这些信息也并不总是汇总给办公室。有些公司里面特别强调资产管理部，有些公司里面特别强调财务部，有些公司里面特别强调运营部，信息会汇总到某一个特殊的部门，那么就是谁来汇总。还有谁来分析处理信息，最后交给谁，整个信息管控的原理就是这样。

在信息管控上，我们以华为为例加以说明。在华为公司绝对不许上网，不许使用U盘，这是华为里面信息管控的一个最大特点。为什么不许上网，不许使用U盘，我举一个例子你就知道了。网通给北京做了一个政府局域网，有一段时间在北京卖上百万，接近千万。这个方案肯定是U盘可以拷出来的东西。而华为所做的各种解决方案，各种内部的资料，如果通过任何途径流失出去，流失到比华为更差的公司华为不怕，但如果流失到华为的竞争对手国际巨头，那将给华为造成致命的伤害，所以华为里面连使用U盘、上网都不允许。有些公司的信息管控甚至到了这样的地步，就是所有的设计人员坐在玻璃房子里，有人在他们背后看，也是不许聊天，不许使用U盘。因为这种公司的一些设计、一些东西，在下一秒钟有可能到竞争对手的某一个人的桌子上。所以这一类的企业里面，他们会特别注意这一类的信息管控。

但是，通常而言，很多公司的信息管控，并不十分严密。大家知道，国际上在信息管控上吃过亏的公司也有很多。大家知道，世界上有很多新药，比竞争对手申报的时间就快一个小时，甚至半个小时。不要忘记了，竞争对手也是砸下去好几个亿，将近10亿美元，但是仅仅因为你申报快了半个小时，那么信息管控的作用由此可见一斑。

二、管理驾驶舱软件

在很多集团公司里面，都形成一个完整的信息控制中心，将各下属的管理信息传到控制中心，这就是所谓的很多大型企业应用的管理驾驶舱软件。各个子公司的各种比例，各种数据，各级干部的KPI，子公司所有人的经营数据，从总部的管理驾驶舱上面就可以统一，并一览无余。公司用上了这个信息驾驶舱以后，老总们上班的第一件事，就是到这个信息部里面去转一转，天津子公司在这儿，新疆子公司在这儿，河北子公司在这儿，显示屏上对下面子公司的情况了如指掌。这是很多大型集团到最后，对子公司采取的非常好的管控做法。

事实上，我们看到，讲管控的时候大家都很害怕，觉得会议非常多，报告非常多，流程非常烦琐。但是大家知道，这一切是没有办法，是一个过渡阶段使用的。如果最后我们的信息管理、我们的透明墙制度建设得越来越好，如果我们有完备的信息分析制度的时候，那么我们对子公司的管控，我们的很多后备的动作、防火墙动作将逐渐减少，而且我们的管控会由事后管控逐渐转移到事前管控。如果一家公司事前管控花一分力气的话，事中至少要花四分力气，事后至少要十分力气。但是，我们很多公司里面，因为子公司长期经营的不透明，文化上母子公司的冲突，所以我们现在给大家的解决方案，只能是偏向于事后管控。但是，我们深信我们的很多企业逐步地可以把管控前置化，逐步会转移到事前管控。这样，管控就会变得越来越简单。

在驾驶舱这个软件系统上面，可直接对下属公司经营情况进行了解，管理评估，将计划和实际值比较，对实际情况分析。如果竞争对手的数据被录入的话，也可以作比较；如果同一个子集团下面有不同的子公司的话，子公司之间可以横向进行比较，等等。那么这是非常方便的，可以及时了解整个集团的经营情况，把所有的数据会汇总起来，可以生成企业的各种分析。还有，对下属企业的监控，实行绩效考核，对它的KPI等数据可以自动获取，从这里可以得到非常直接的评判。

其实，这种驾驶舱软件并不是某种特殊的软件平台，是某个公司特有的，是一个基于ERP所做的深度的数据加工和挖掘的这么一个对传统商业软件的一个升级化软件，或者是个对平台软件的应用软件。事实上在很多集团公司里面，如果应用这个软件，对老板帮助真的非常大。老板他其实非常可怜的，当他下面的子公司超过两三家以后，他事实上就昏头了。没有一个企业家，当他下面层次多了以后，他还可以很清醒、很理智地决断。明兹伯格在分析所有的企业家的时候，发现企业家的主要特征是很浮躁的、很忙碌的，很草率地进行各种抉择。他发现一个企业家决策的时间，不管大事小事，平均是7分钟。而且企业家往往流于感性的判断，他不可能理性地分析，明兹伯格发现这是企业家的根本特性。所以，我们根本不可能相信一个企业家怎么样根据所有的数据，综合地量化分析，作各种举证，然后作了各种决策，评估每一个决策结果的风险性，最后得出一个均衡的判断。这只是理想情况下非人格化的企业家，真正具有人格特征的企业家不会这么干。所以，我们事实上不是帮助老板进一步发挥他感性的一面，而是有效地通过数据信息，把他刚才的这种直觉能力提高到更高的平台上。这就是我们在设置所有的管控平台的时候，服务于高管层时应注意的一个重要的方面。

第三节　风险管理

一、有关风险的概念

所谓风险就是不确定性。不确定性可能带来好处，也可能带来坏处，风险就是不确定性带来的后果。风险包括风险的程度。风险程度就在于，如果你的家和商店都在一条路上的一个侧面，你让你的孩子去买酱油没问题，但是如果他要过马路去买就有一定的风险，这个程度比在马路同一侧买要大得多。如果连过10条街，而且是交通最高峰期，那糟糕了，这风险程度会非常大。再加上本市交通环境非常糟糕，如果这个司机严重不遵守交规的话，那么风险程度就更大了。这就是所谓的风险程度。不同情况下风险程度不同。在一个成熟的子公司里面，投资以后，风险程度较低，在一个不成熟的子公司里面，风险程度较高。新招来的一个职业经理人，他为了想在母公司面前表现他的业绩，他做的一些新的投资往往具有高风险的特征。因为他想一下子表现出来，脱颖而出，等等。

另外，风险还有波动概念，有些风险的波动性非常大，有些风险大不了就是损失三毛钱。比如说我们认为，如果任命一个昏庸的人当管理者的话，风险是无限大；而如果一个人贪污的话，风险并不大。因为他不可能把所有的钱贪污完；贷款去贪污，贪污的风险是有幅度的。所以对贪污我们并不怕，因为我们还可以有司法机构，有很多法律手段制约他。但是如果碰上一个很昏庸的人，他经常做出头脑发热的决策，这种风险几乎是无限大，这就是风险的波动性。如果我们发现经济案件的话，我们认为并不那么可怕，因为他的风险是可衡量，可管理，而且部分赃款是可追回的。而且这个事情如果发生的话，对于大家有教育意义，我们认为它并不一定完全是坏事。

风险还有概率。有些事情很容易发生，比如说隔行投资很容易失败，这个概率就很高；同行投资不太容易失败。如果是我们请到一位好的专家进行隔行投资的话，成功的概率会提高。还有严重性，风险的严重性如何，诚信。其实风险在一个不成熟的企业环境里面，并没有太厉害，有很多人给员工许的奖金不兑现，员工第二年还是很努力，为什么呢？一方面奖金还是会兑现部分；另一方面员工不在这里干，在别处找不到更好的工作，所以老板无所谓。但是，如果这一类人很稀缺的话，老板就不敢这样干，这属于严重性。

风险还有时间长度，有些风险具有长期的影响。

风险还有相关性，有些风险跟我们有相关性。比如说我们做餐饮的，一想到今年又要发生SARS，或者禽流感，头都痛。所有做餐饮的，肯德基这两天内部紧张得要死，每天都要开一个会，就是讨论今年要发生禽流感怎么办，或者有SARS怎么办。这属于相关性。但是这对中国华信似乎没有任何关系，当然这不是说完全没有关系，相关性比较小。还有人民币升值问题对有些出口型企业影响巨大，这是所谓的相关性。

二、风险的种类

那么风险的种类包括业务环境风险。比如，对于餐饮，SARS是它的业务环境风险；对营销，业务人员吃回扣是它的业务风险；对于重工，以后重工产品出问题是它的质量风险。还有活动风险，这个运营活动会有一定的风险。还有市场风险，市场风险就不用说了，包括竞争对手突然明天早上降价。还有新产品换代，都是风险。还有金融风险、运营风险、系统风险。系统风险，比如国家风险，中国和日本关系闹得越来越僵了，那么很多农产品企业现在就感到害怕。

三、风险管理办法

采用一些风险管理办法，规避风险，比如说买期货，对冲有可能发生的涨价。还有，把风险锁定在一定范畴之内，锁定风险。还有降低风险，有效地降低风险。债务或法务引起的风险很大，可以想办法如何庭外和解或弥补，把这个风险降下来。还有转移风险，本来存在风险，我们如何把风险转移掉。还有利用风险，很多公司风险是可以利用的，比如说保险公司为什么生意做得越来越好，这是属于典型的一个风险管理方法。

那么经营风险如何防范，交易风险如何防范？任何一个企业里面，既然有了这么多风险，那么在风险上面，首先要建立风险意识，对风险进行评估，将风险的评估付诸实际行动，进行衡量和报告，然后风险再评。这里说的是一个概念上的意义，实际上的风险管理在不同的企业里，风险相对就那几条，不会太多。比如说在纺织企业里面，就有一个外单问题，接外单。还有很多企业里现在产能越来越过剩以后，产业里面会不会非常残酷地横向杀价。当然还有一些原材料价格上涨，如原纱、坯布价格上涨这一类的问题，对这些企业来讲影响会非常大。在一个具体的企业里，风险并不像有时想象的，从各个方向、各个角落接踵而来，令我们防不胜防，不大会的。具体的一个企业的风险，相对是确定的。

所有的风险的源头可以说是战略，确定战略的时候，就锁定了全部风险。所有的企业在经营不好、经营滑坡等问题出现以后，对风险统一思考以后，就会发现了一个比风险更有趣的话题，那就是如果当初用积极的态度制定一个明确的战略，并且用人主动地去实施，母公司多操一点心的话，事实上很多风险是可以防范的。很多情况下母公司发现可能有这一类的风险，但是操作的时候战略强度不够，或者主动性不够，没有给予足够重视，这一类的风险发生的比例高得多。

另外，与其说风险更多在操作层面上发生，倒不如说风险是在战略层面上发生的。如果从长远而言，一个企业会因为竞争越来越残酷，死亡的概率会越来越高，继续经营会等死，包括企业作各种微观调整都是等死。但是，如果企业作这种宏观的突变，就是我们通常说的找死。既然对企业经营而言，等死和找死都是不可避免的，那么这里面，处理风险就会两种门派，一种是等死派，一种是找死派。这个勇于变革者在行业里面运作这个技术改进，或者微观调整，在夕阳时期充分发挥企业文化，提高大家的积极性。我们发现，如果对这两种流派的最后效果作个比较，依然是找死派来得好；而等死派，即使你经营好，行业的末路大势所趋也是改变不了的。

对于一个单体公司，找死和等死并不是完全一样的，也许有时候找死好，也许有时候等死好。但是，对一个集团公司，可以肯定地说，找死要比等死好，为什么呢？因为集团公司本身天生就是高消耗的，一个利润率越来越低的子公司挂在集团公司下面，事实上最后会把集团公司拖累到严重运转不灵。

企业里的风险无外乎通过这么一些手法可以进行有效地规避：财务管理、预算管理、人事管理，有效地授权，投资管理和风险监控，制定风险管理的体系量化各项业务风险，制定风险防范的办法，降低经营的风险（如图 5 - 12 所示）。有效地授权，要明确各级部门和业务部门的授权范围，明确各级部门承担的职责和业务，实行权责挂钩。比如，集团公司派出的董监事是全权为该子公司的所有的事情服务，尽管该董监事会求助于母公司的各个部门给他所派出的那个子公司提供各种服务和咨询，但是呢，最后的责任依然由该董监事来统一负责，这点非常重要，就是所有事情的责任应该是很明确的，最后只有一个负责人。当不同的人有不同的想法，各种想法在争执的时候，这时候我们有一个非常明确的原则，谁负最后的责任，就在争执的意见里面听谁的意见。

调整风险的监控流程，变事后补救为事先防范。华源在安徽的子公司搞出来的药把人毒死了，华源的危机进一步被掀出来了。华源当时已经在风雨中飘摇了，上海也想抢华源，华润也想抢华源。就因为这个事情的出现，使得这个天平最后倾向华润了，而上海巧妙地通过谈判，把上海医药聪明地割了出来。这就是不同的体系里面，要尽量把事后补救变成事先防范。

我们认为，一个集团里整合效益越大，相应的风险就越大。就是一家公司里如果玩不出什么花头的话，所有的子公司都是低利润的，没有技术改造空间，也

授权体系	·明确各级管理部门和业务部门的授权范围 ·明确各级部门承担的职责和业务，实行权责挂钩 ·简化决策流程
汇报体系	·与集团内部的组织和流程相配合，建设集团内部的汇报体系
财务管理	·制定明确严格的财务管理制度 ·强化预算管理，加强成本控制
人事管理	·制定集团的人力资源管理办法，保证人才得到合理利用 ·配合激励制度建设，建立人才的招聘、培训、升迁、激励和离职制度
投资管理	·规范投资管理流程，加强投资决策的科学性
风险监控	·制定集团风险控制体系，量化集团各项业务风险 ·制定风险防范方法，降低集团经营风险 ·调整风险监控流程，变事后补救为事先防范

图 5－12　规范集团的内部控制系统，保证集团经营健康高效发展

没有营销提升空间的话，事实上这家公司里面几乎没有什么风险，当然也没有什么整合风险，就是死水一潭。整合的效益越大，风险就越大，而相应引起的管理损耗就越大。以德隆为例，德隆事实上整个整合效益实在是太大，也因此风险非常大，而一层一层的管理损耗也非常大。在企业管理上，不得不说，小心驶得万年船，所有胆子大的都可能死掉。我们发现，哪怕是赌圣也不可能天天都赢。集团公司可怕就可怕在，前面赢了 100 年都不怕，而后面第 101 年哪怕输掉一次，就可以把前面 100 年的家底全部输光，因为到后面赌注会越来越大。所以最后活下来的集团公司，很少有各方面非常卓越和非常创新的。GE 属于一个典型的另类，很多跨越多少年活下来的集团，事实上并不是像我们想象的那么卓越。

全世界最长寿的一家公司是荷兰的一家公司，360 多岁。估计大家都没有听说过这家公司，估计这家公司还可以活下去，它没什么花头，那么我们觉得这种长寿没有什么价值。我们认为，真正的长寿应该有健康和长寿两个指标共同来衡量。

一定要注意的是，如果在新的管控体系下要进入不同的产业，这时候如果面临整合效应，同时所面对的风险将非常大，风险增大以后，管理损耗也将非常大（如图5－13所示），所以这时候就要求母公司要花百分之二百、三百的力气来整合。所以，有很多人非常疑惑的是，为什么在母子公司管控的时候，母公司要花大力气去整合。道理很简单，因为这时候风险和管理损耗事实上不可能靠子公司去降低，子公司的主要任务依然是创造价值、创造利润，所以这时候要求子公司把业务做好的同时，把风险也要管控好，是不大可能的，因为子公司天然而然是以最终的业绩表达为必要。

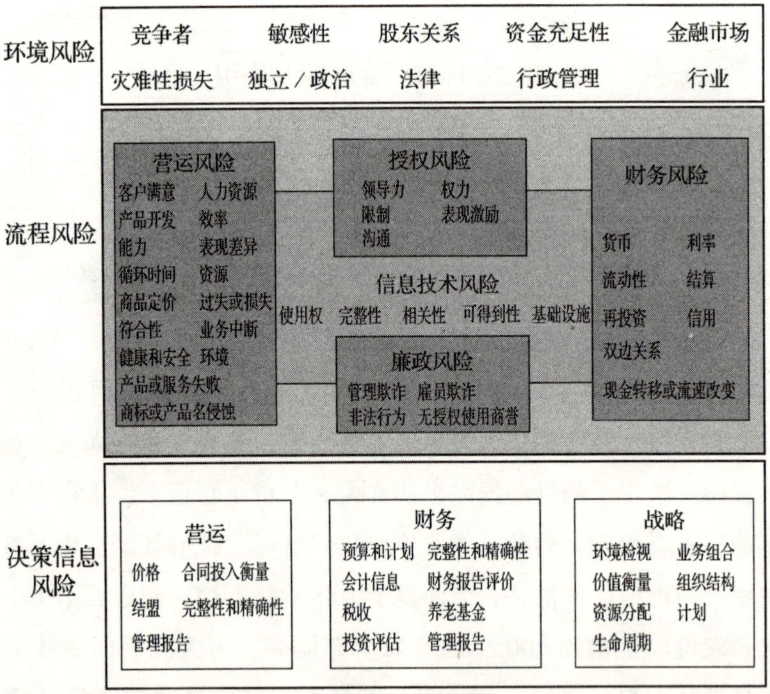

图5－13　整合效应越大，风险越大，管理损耗越大

四、GE的内审体系

我们来看看，著名的GE有这么一个很有趣的审计体系。GE一共有13个事业部，各事业部的领导人直接向CEO和他的副手汇报。大家都知道，内部审计部门由公司总部直接领导，内部审计部门可随时对各事业部进行审计，各事业部及下属单位不另设审计部，各公司根据总公司的原则性框架制定其内部制度，由内部审计部进行评估，并监督完善。GE 的内部审计部由 500 多名年轻有为、有发展前途的财务人士和各行业专业人士组成，从 GE 各部门选拔，通过一段考核以后，再最终决定是否调入内部审计部门。内审团队是 GE 培养和选拔人才的平台，GE 公司 50% 的管理人员由内审培养输送的。这个部门人员的总数是固定的，但是人员是高流动性的，随时被选拔进来，随时被外派。内部审计的内容包含风险评价，监督重点费用项目，离任、离职审计，舞弊审计等，还包括收购兼并中的审慎性调查、六西格玛管理，以及审计机制的健全与改进。这就是 GE 的内审体系（如图 5－14 和图 5－15 所示）。

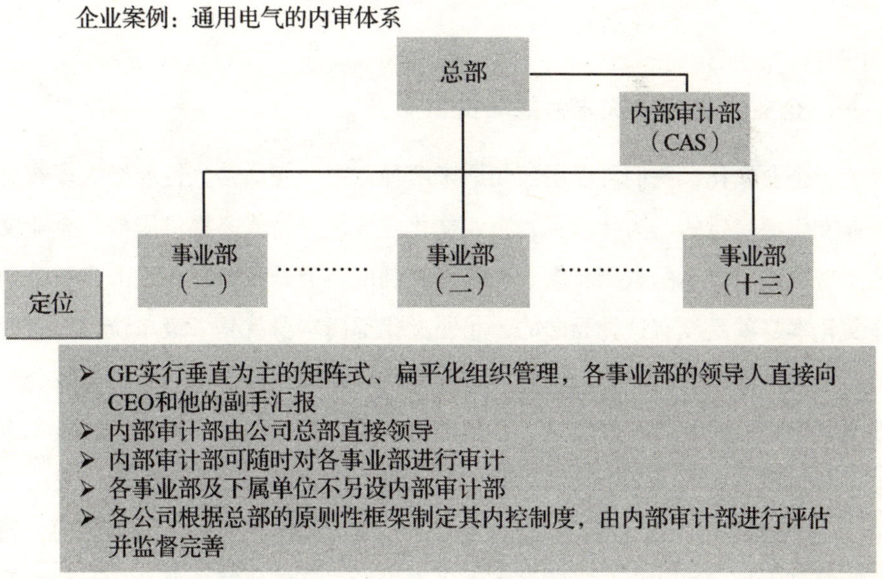

图 5－14　GE 的内审体系（1）

企业案例：通用电气的内审体系

团队

- 由500多名年轻、有发展前途的财务及各行业专业人员组成
- 从GE各个部门选拔，通过每一阶段考核后，两年毕业
- 出差多，工作强度大，淘汰率高
- 内审团队是GE培养和选拔人才的平台
- GE公司50%的管理人员由内审部门培养输送

职能

- 内部审计（包括风险评价、监控重点费用项目、离职/离任审计、舞弊审计等）
- 收购兼并中的审慎性调查
- 六西格玛管理
- 内部机制的健全和改进等

图 5－15　GE 的内审体系（2）

第四节　企业文化

一、企业文化应该优先为战略提供服务

关于企业文化，我们可以用三句话来解释。第一句话是，目前绝大多数企业的企业文化都是错的。为什么呢？企业文化应该优先为战略提供服务，企业文化应该制造战略所需要的氛围、人才、环境和制度，但是我们现在绝大多数公司的企业文化本身就是没有这种导向的，企业文化部门本身就是一级单位，而企业文化部门必须是战略部门的二级单位，企业文化应该以战略为主。绝大多数公司的企业文化是培养好公民、好父亲、好员工的，但是好公民、好父亲、好员工未必是这个公司所需要的。举个很简单的例子，华为需要狼，一个优秀的研发公司需要羊，一个营销型的公司需要一个非常有执行力的团队；而一个科技型的公司需要他的管理干部沉得住气，能够深入下去，进行严谨的研究。那么，对某种特定的战略需求，这个公司的企业文化的主要任务是把这种需求表达出来。我们之所以说很多公司的企业文化都是错的，是因为企业文化被置于第一层面，好像企业文化就是把真善美表达出来就好了，错！企业文化本身是为战略服务的，企业文化本身不是什么务虚的东西，它并不是跟战略没有关系。

二、企业文化是设计出来的，而非积淀出来的

有很多公司说我们有30年的历史，也因此我们有很好的文化，这完全是句空话。因为历史积淀的文化，其实就表达为社区文化、小众文化、地域文化和该企业传统文化的结合。过去历史里面发生的所有的事件都对它的文化的形成有影响，最后所形成的是一个综合文化。可以肯定地说，一个文化的历史越长会越堕落，越接近于民间文化，越接近于社区文化。只有有意识地不断去启迪，不断去设计，不断地去冲击当地文化，不断去改造当地文化，才会成为先进的文化。对于文化，我们可以这样来理解，它是个国中之国。如果我们觉得中国人的一些习性对我们企业而言可能不是最需要的，那么我们可以塑造一个国中之国，我们可以运用一些美国的理念、日本的理念，或者是利用我们认为比较优秀的其他理念去重新塑造一个小的氛围，一个在大氛围里面造成的小氛围。而且我们必须有效地对周边文化进行屏蔽或隔离，对周边文化有一个供给性和抗拒性，这样才能保证这个文化的独立性。比如说，有很多企业的老总天天给大家洗脑，大家洗完脑以后回去和社会一接触，洗进脑里的东西都推翻了，大家觉得老总是在骗人。那么，在这种情况下，这种文化根本称不上一个先进的文化。因为先进的文化不应该是纯粹的洗脑，它应该真正包含一些先进性，它应该真正包含一些成功的法则，它应该真正告诉员工更好的人生观、更好的价值观。这就是对优秀文化的第二部分的理解。

三、企业文化可以定向积淀，强行积累

我们认为，一个企业的文化不仅是设计出来的，而且可以定向积淀，强行积累，可以按照企业的预想成功地把那种风气、把那种作风在企业里培养出来。企业文化为什么可以定向积淀？我们想在研发部培养创新，我们想在生产部门培养执行，我们想在会计部门培养精细化，我们就努力地去发现这种人、这件事，对这类事进行奖励，进行固化，编写这一类的流程，使得这一类事情尽可能发生，这就叫定向积淀和强行积累。如果我们发现我们公司里尽管有创新，但是创新程度还不够，只有少数人在创新，那么我就奖励这种人，提拔这种人，使得很多人开始仿效这种行为，最后创新就会发扬光大，如图5-16所示。这就是我们关于企业文化理解的三句话。

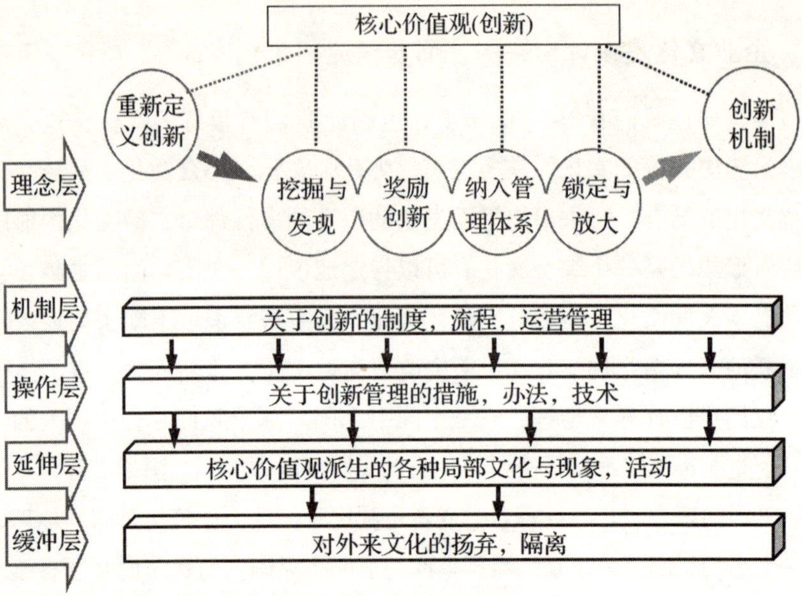

图 5－16　推行“创新”文化

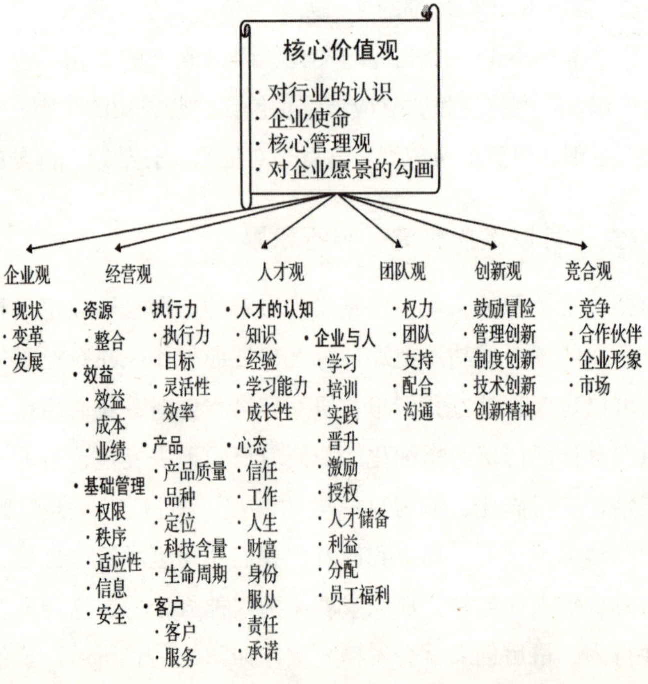

图 5－17　企业文化中核心价值观的构成

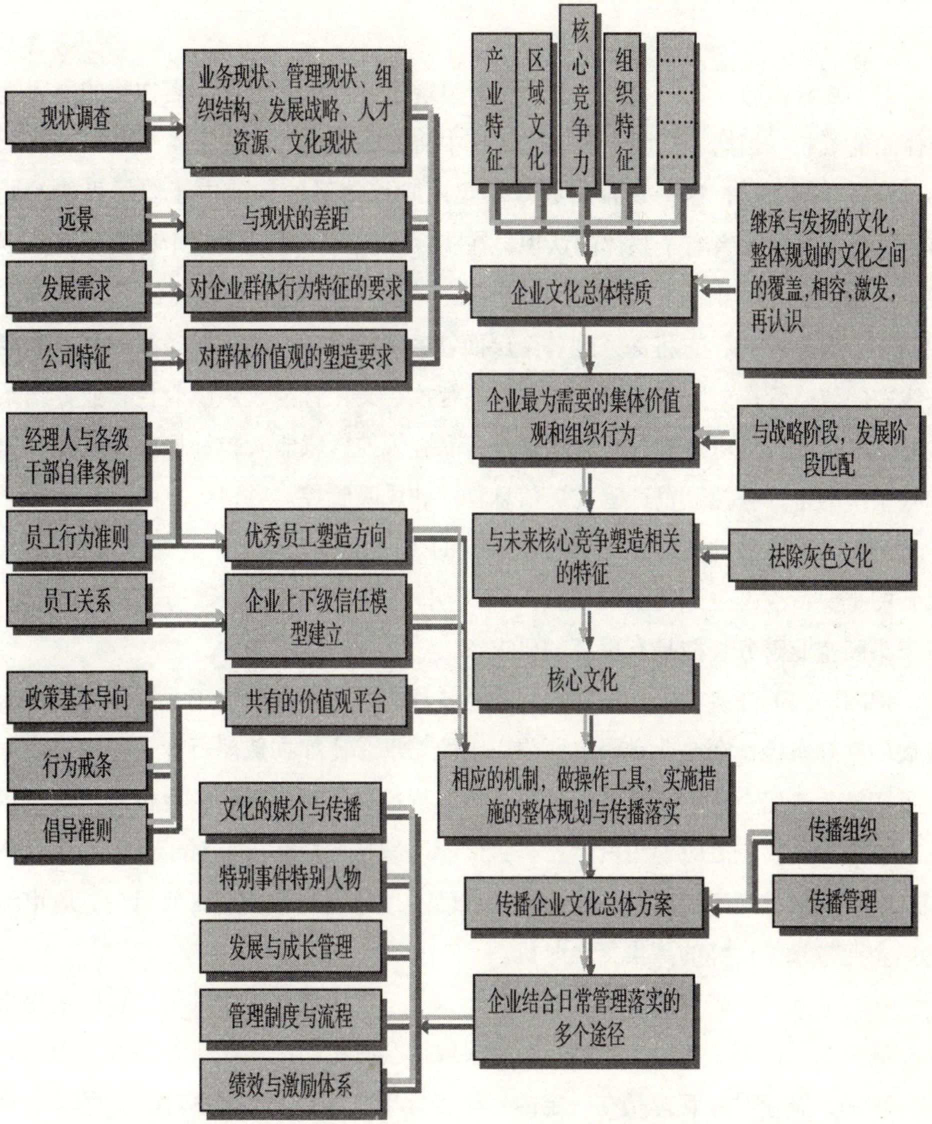

图5-18　管理型企业文化塑造全景图

第五节　重工企业集团管控——财务管控

以上部分内容，力图在共性上向读者呈现出一个集团企业所需构建的集团管控体系的概貌。当然，实际在集团化运作中将面临远远超过文字本身的错综复杂的各种各样的问题，这一切都将在华彩集团管控体系的构建中予以尽可能的涵盖，这里只是让读者有个整体的认识，在实际操作时将通过“三个纬度，十三个线条”细致地予以模块化设计操作。这三个纬度，指的是华彩首创的“治理+控制+管理”模式，它将深入到各个层面、各个线条中。十三线条指的是：职能条线中的战略管控、财务管控、人力资源管控、文化管控、组织管控；业务线条中的研发管控、供应链管控、营销管控、品牌管控、联盟管控和国际化管控；辅助线条中的审计管控、资产管控、信息管控和风险管控。

对于管控体系的设计，除了上面共性的东西，对于重工企业集团管控而言，具备的重要特点是重工行业的消费升级周期较长，产业链较长，资金需求较大，对于集团企业财务管控具有更高的要求。

伴随国内的旺盛需求和国际市场产业转移的影响，国内重工行业延续着快速发展的良好态势，在企业融资上面临广阔的需求。比如在造船行业，伴随着全球贸易频繁，造船企业频频收到航运企业的订货单；同时，造船企业也希望在航运活动接近历史高点之时筹集资金，扩大产能以满足客户需求。对于中国造船企业而言，长期贷款利率上升，显然银行贷款已不再是资金筹集的主要目标，股市给造船企业带来了良好的募集资金时机。

在行业景气、多种融资渠道的条件下，对于重工企业集团的财务管控更提出了较高要求。说到企业财务管理，很多人或许会有不同的看法，我们在这里不妨这样理解，企业财务管理是在一定的整体目标下，关于资产的购置（投资）、资本的融通（筹资）和经营中现金流量（营运资金）以及利润分配的管理。财务管理的目标主要是：（1）利润最大化；（2）管理当局收益最大化；（3）企业财富（价值）最大化；（4）社会责任最大化。而在具体的财务管理内容上，主要包含下面四个方面内容：

（1）筹资管理。通过一定渠道、采取适当方式筹措资金的财务活动，是财务管理的首要环节。通过筹资满足企业创建、发展对资金的需要，保证日常经营活动顺利进行和完成对资本结构的调整。

（2）投资管理。投资管理是指企业将货币转化为资本的过程，包括实物投资和证券投资。前者是企业为对内扩大再生产奠定基础，即购建固定资产、无形资产和其他长期资产支付的现金的管理；后者是对外扩张，即对外股权、债权支付的现金的管理。

（3）营运资金管理。营运资金管理是对企业流动资产及流动负债的管理。一个企业要维持正常的运转就必须要拥有适量的营运资金，因此，营运资金管理是企业财务管理的重要组成部分。要搞好营运资金管理，必须解决好流动资产和流动负债两个方面的问题，特点是周转时间短，非现金形态的营运资金容易变现，数量具有波动性和来源具有多样性。

（4）利润分配管理。利润分配管理是将企业实现的净利润，按照国家财务制度规定的分配形式和分配顺序，在国家、企业和投资者之间进行的分配。利润分配的过程与结果管理，是关系到所有者的合法权益能否得到保护，企业能否长期、稳定发展的重要问题。为此，企业必须加强利润分配的管理和核算。分配的主体一般有国家、投资者、企业和企业内部职工；利润分配的对象主要是企业实现的净利润；利润分配的时间即确认利润分配的时间是利润分配义务发生的时间和企业作出决定向内向外分配利润的时间。

国际化趋势和国内经济的快速发展，越来越多的国内企业通过合并、重组形成了许多大型集团化企业，面临着许多新出现的集团管理问题，而其中集团财务管控更是重中之重。

集团企业的财务管理包括筹资决策、投资决策、利润分配决策、营运资本决策以及对它们的日常管理等内容。同时，企业集团的财务管理还有着更为复杂的内容：

（1）管理对象的复杂性。在非集团组织的企业里，财务管理指向的是企业内部的各个部门、非法人经营组织；而在集团组织环境中，集团财务管理不仅要处理好核心企业的经营事务，更重要的是要调整、规范好集团组织中各成员企业，即法人之间的利益关系。

（2）管理层次的复杂性。在集团组织中，财务管理的层次变得较为复杂，其中包括集团财务管理、核心企业财务管理、核心层企业财务管理、紧密层企业财务管理、松散层企业财务管理等。

（3）财务管理方法的复杂性。由于各成员企业经营产品的差异性，集团财务管理不得不面对不同的核算办法、不同的计量单位及不同的税务政策等。

（4）由于各成员企业产品生产和商品销售的周期不同，导致资金安排难度加大。随着可支配的资产增加和处置权的扩大，资产的调配和资金的筹措也更加复杂。

（5）集团财务控制的难度显著增加。集团财务控制是集团核心企业对非核心企业进行实质性控制的重要方面。集团只有实施有力的财务控制，才能实现对其成员企业的实质性控制，集团的经营管理才能被认为是成功的。但是，由于上述财务管理在对象、层次、方式、政策等方面存在的复杂性，导致集团财务控制的难度显著增加，主要体现为集团的财务控制体制，即财务实行分权管理和集权管理的两难选择。

在集团公司即在母子公司管控体系中，最受人们关注的无疑就是财务管控了，因为财务数据指标是母子公司管控是否成功的重要标志，也是母子公司管控的核心。

母公司为什么要投资子公司呢？之所以将资本投入于企业建立子公司或收购兼并其他企业而控制其成为子公司，最主要的目的是资本的增值，即使是短期内的市场占有动机，从长期看来都离不开其增值要求。但关键问题是，母公司基于资本纽带与子公司的联系不必然导致经营和管理上对子公司的控制。因此，为了对子公司进行有效的管控，母公司集权管理的基础是财务上掌握以下几种权力：

（1）母公司对子公司的投资及收益分配的最终决策权。

（2）母公司对子公司的会计规范权，子公司执行母公司统一的会计制度及会计政策。

（3）母公司拥有对子公司的财务规范权：重大财务决策事项以外的其他财务规范事项的权力，如费用开支标准、资金调度等；母公司对子公司拥有完善的审计与考评权，等等。

而第一种现实情况是：母公司在资本纽带这一唯一联系基础上，并没有实施自身的财务管控权力，最终沦落为子公司的提款银行。因此，在实际操作过程中，母公司实施以下权力：

（1）母公司对其子公司投资的最终收益权：母公司按照其投资额及回报比例设定子公司的利润分配目标，并以目标利润为其依据加以控制，只对结果进行控制，而对利润目标的实现过程是不闻不问。

（2）母公司对子公司资产处置进行最终审批（为了资本保值）。

显然这是一种分散权力造成的局面。但有一点是能够明确的，即集权制的最大好处在于能全方位地控制子公司的行为，但这种基于“对子公司经营者不信任假设”上的财权管控方式，无法调动子公司经营者的积极性，使子公司管理层总有掣肘之感。

而第二种现实情况是：只看结果而不计过程，使得母公司对子公司没有有效管控，在战略协同上有母子公司分道扬镳的风险，不利于集团公司的整体发展。

通过以上不难看出，应对集团型企业，我们不能单单运用单体公司的财务管理模式来进行管理，集团化企业将新出现更多更复杂的管理问题，如上文所言，它将涉及母公司、子公司等多个层面多个纬度。那么，如何搭建理想的集团财务管控体系，下文将简要给予说明。

最为理想的财务的管控体系是不能管得太死，又不能放得太开。行之有效的集团财务管控体系应该包括以下内容。

一、建立多层次财务战略与组织

财务战略是为适应公司总体的经营战略而筹集必要的资本，并在组织内有效地管理与运用这些资本的方略，是公司整体战略的重要组成部分。财务战略对全局性的经营战略具有支持性，理财必须为经营服务，财务战略必须以推动经营战略的实现以及市场竞争优势的确立与不断强化为行为的基本准则，通过财务资源规模、期限、成本与结构的合理安排，以及现金/资金运转效率的不断提高，财务风险与危机预警系统的建立，为经营战略目标的实现提供优良的财务环境保障基础；集团经营战略必须根据战略环境的变化和经营风险的变动而不断地进行调整，与此相关财务战略也要随之进行调整。

集团财务战略的特点是：（1）集团财务战略的制定者是集团公司。集团作为联合体，必须有一个能起主导作用的核心企业，负责企业的战略规划。(2) 集团财务战略目标是谋求整个集团财务核心能力的提高，增强集团的核心竞争力。(3) 财务战略是整体战略的一个职能战略，集团财务战略的制定必须服从集团整体战略，同时必须考虑环境因素的影响。(4) 集团财务战略的内容囊括了财务活动和财务关系两个方面。(5) 集团财务战略涵盖了动态和静态两方面的内容。

多层次财务战略制定上应该遵循四大原则：(1) 产权制度安排为基本依据；(2) 在不同发展阶段，以集团发展战略为导向；(3) 匹配集团总部人员素质；(4) 基于组织与流程的层级管理。著名管理学家弗莱德菲德勒曾经说过："在管理过程中，要保证管理工作的高效率；在环境条件、管理对象和管理目标三者发生变化时，施加影响和作用的种类和程度也应有所变化，即管理手段和方式也应该发生变化。"集团财务管控体系也同样不是一成不变的，需要定期或不定期地加以反思总结，借鉴学习企业内外部的先进管理经验，不断完善和发展。

二、建立财务管控能力

财务管控结构决定财务管控能力。在集团财务管控中，其管控结构由管控主体、管控目标、管控客体、管控方式和管控环境组成。

财务管控主体的理解必须从财务两重性的权力角度出发，即要紧紧把握住财权这个核心：(1) 财务管控主体是指谁参与财务管控，而要参与财务管控，就必须拥有一定的财权。(2) 财务管控主要是对权力的处理，其核心是配置财权。

财务管控能力的建设需要包括：学习能力，指财务管理者成为复合型人才，应该具备分析能力、系统构思能力、组织机构整合能力、策划能力等；金融关系能力，指的是企业在资金的筹集、调度过程中与有关金融机构形成的合作关系；财务控制能力，它是财务管控能力的集中体现；信息处理能力，它是财务管控能力的助推器，在充满信息的时代，财务部门则从信息存储者变成信息提供者和分享者。

三、建立多层次的财务管控体系

基于投资组合与产业组合的财务管控体系是一个多层次的复杂的体系，伴随着组织结构集权化和经营专业化的趋势，财务管理出现了相应集中，从而可以最大限度地平衡与利用资源（资金与财务信息）。集中式额财务管控体系已成为比较理想的财务管控体系，建立集中式的财务管控体系有以下要点：在多级公司架构下，应通过流程改进和IT手段实现财务管控集中化；集团财务管控关键部分就是将战略、业务计划和预算管控结合起来；完善的财务分析和报告体系式是实施管控的有效手段，而且是支持集团高层领导进行决策的重要信息数据；财务管控费用的高低，是衡量一家公司管控水平和运行机制的重要指标。

财务管控体系分为：财务人员管控系统，母公司对子公司财务人员的管控采用委派制、指导制、监督制、集中制；财务制度管控系统，以财务权力和责任为核心建立统一的财务会计制度；财务目标管控系统，建立自上而下的财务目标管控系统，包括财务目标评价系统、资金管控系统和收益管控系统；财务信息管控系统，利用财务网络电算化，强化财务信息报告制度，加强内部审计制度。其中需要遵循的两个原则是成本效益原则和分级管理原则。

四、建立跨层次财务管理职能管控

财务管控模式分为三种类型：集权制、分权制、统分结合制。集团在选择财务管控模式时除了要考虑集权和分权的权衡外，还应考虑诸多因素，例如：关于股权结构及其董事会定位，集团与各成员单位的关联程度，集团的发展阶段和集团的发展战略。

母公司与子公司的财务管控焦点问题在于保障财务运作灵活性的同时，又要求可控性。这要求处理集权和分权的问题要做到每个部门、岗位的责权利分割到位。其职能是：

1. 健全财务制度

如果会计制度不健全，就会给经营者造成违法乱纪的机会。会计制度是事前的防范，会计核算是事中的、即时的监督，而审计是事后的监督。

一定时期企业财务管理制度的混乱和财务控制能力的低下，往往是一个企业财务失败的主要原因。由于没有健全的财务制度，帕玛拉特集团最终导致债务总额高达100亿欧元，其中1/3为意大利的银行拥有，其余则是债券持有人和国外银行；由于没有健全的财务制度，多年的系统性造假行为导致帕玛拉特账面上有几十亿欧元不知所踪。因此只有健全财务制度，才能保证对经营者进行有效的监督和约束。

2. 财务预算控制

通过编制财务预算，集团公司可以全面掌握所属企业的生产经营过程。财务预算下达后，即成为公司的经营目标，执行中一般不需要作调整。特殊情况需作调整的，要按照程序报董事会审批。集团总部通过对财务预算的动态管理，可以对子公司及分支机构的主要财务活动实施有效控制。帕玛拉特在某些分公司投资的费用分配上不尽合理，比如对中国的南京分公司投资就比较少，主要是没有做好财务预算工作。

3. 对现金进行有效的控制

一是必须杜绝账外现金循环，所有的现金都必须进入银行账户体系。二是保证现金全部能够集中管理。企业可以设立财务结算中心对集团内部的资金进行统一管理，及时了解子公司资金运营方向。三是做好预算结算工作。日常开支做到事前有预算，事后有结算。四是超过一定额度的支出项目要经过董事会审批。五是对资金统一筹集，从而直接控制经营着的投资计划，对资金调拨、利润分配等重大决策都直接掌握，集中管理。帕玛拉特并没有做到对资金统一的管理，集团拥有 170 家分支机构，很多分公司之间以及开曼群岛的子公司都有现金转账。

4. 对企业的资产和负债的控制

资产和负债是衡量企业经营好坏的重要指标。出资者把经营权交给经营者，实际上是两权分离。这就需要出资者对经营者掌握的资产进行严格的控制，购置时要审批存档，报废时要记录档案，并有专人负责账和物的核对。

由于负债过高可以导致资本的毁灭，所以出资者必须通过合理化的手段对负债的规模进行时常的控制。出资者负债一般就会与银行有关系，所以处理好与银行之间的债权债务关系是控制好企业资产和负债的主要手段。

5. 财务风险的控制

财务风险是指由于举债给企业收益带来不确定性。企业举债经营会对企业自有资金的赢利能力造成影响，由于负债要支付利息，债务人对企业的资产有优先的权利；万一公司经营不善，或有其他不利因素，则公司资不抵债，破产倒闭的危险就会加大。但是另一方面，有效地利用债务，可以大大地提高企业的收益，当企业经营好利润高时，高负债会带来企业的高速增长。合理的控制和利用财务风险是企业成功的又一因素。

帕玛拉特不但没有利用债务使公司获得高收益，反而因为过高的债务总额不得不宣布破产。

6. 强化内部审计监督制度

内部审计监督是整个财务控制体系中极为重要的一环，为确保集团公司整体目标的顺利实现，集团公司应建立内部审计制度，设立审计部。从而一方面使内部审计工作制度化、规范化、经常化；另一方面有利于开展定期和不定期审计工作，如财务收支审计、经济责任审计、财务决策审计、基建审计等，以保证集团公司及时获取准确的财务信息，提高经营决策的科学性。如果帕玛拉特具有较强的内部审计制度，就不会财务上出现那么大的漏洞，以至于普华永道会计师事务所的审计员在结束清查帕玛拉特公司账目的第一阶段工作后，分析得出结论，公司实际负债额远远大于帕玛拉特管理层此前上报的金额。因此强化内部审计制度是每一个企业集团应该重视的工作。

从众多财务失控的案例中，我们要吸取教训，加强企业的内部财务控制。一个成功的企业只有制定符合实际的财务控制目标，采取切实有效的措施，才能保证企业集团的持续健康发展。企业集团的财务控制是一个不断发展变化的问题，面对激烈竞争、不断变化的市场环境，在财务控制上，其控制方式、重点等也要相应变化。

五、集团公司财务管理体制的框架设计

1. 集团母公司的财权配置

集团母公司分割财权的主体是董事会（或经理办公会）⟶总经理⟶财务副总经理⟶财务经理（财务部）及财务职能处室，这四个层级都是行使财权的主体。

董事会享有的财权是对重大财务事项，如重大投资、筹资、资本及资产变动、利润分配等行使最终决策权和监督权等。总经理享有执行董事会所授予的财权，即作为公司行政总负责人的财务管理权限。总经理把专职财务管理权授予财务副总经理，同时把部分财权授予其他副总经理。财务副总经理行使部分日常财

务决策权、指挥权和控制权，并授权财务经理行使日常财务管理权。总经理对财务副总经理、财务副总经理对财务经理依法进行财权的制衡和监督，财务副总经理和财务经理对其他领域如生产、销售、人事、研究与开发等以及下属子公司的主管领导进行专职财务约束和监督。另外，监事会享有对董事会和经营班子的财务监督权。

2. 集团母子公司间的财权分割

在集权式财务管理模式下，母公司凭借其原始资本的权力，将子公司的重大财权集中到母公司，并把母公司的财务管理权力渗透和延伸到子公司。根据财权的不同种类，我们分别就集团母公司与下属子公司的财权配置作出如下构思：

（1）融资决策权。为了更好地控制整个集团的融资风险，保持合理的资本结构，避免因融资不当而危及集团生存，母公司应牢牢把握以下融资决策权：重大投资项目的融资，超过资产负债率安全线的举债融资，导致母公司股份比例变动的融资，增加子公司注册资本的融资，子公司的并购融资与租赁融资，发行债券、发行股票，以及子公司改制中所涉及的融资问题。母公司在集中重大融资权的同时，赋予子公司的融资决策权仅限于：在资产负债率安全线内的限额举债、提存的折旧费、税后利润留成；与自行决策的投资相配合的融资，如流动资金借款、拨改借款；子公司自行决策的融资项目，则应由母公司审查或备案。

（2）投资决策权。对外投资权应高度集中于母公司，全资子公司、控股子公司没有对外投资决策权。对内投资决策可采用集权基础上的适当分权，母公司对控股公司的分权程度要大于对全资子公司的分权程度。流动资产投资决策权以及简单再生产范围内的技术改造权完全交与子公司；在扩大再生产范围内的固定资产投资，应给予子公司限额投资决策权，超过限额的投资项目必须由母公司审批，或者按子公司自有资本的一定比例确定内部投资权；在一定时期内，无论投资项目多大或投资额多少，只要投资总计不超过比例，子公司都可以投资，超过比例无论项目大小都不能再投资。

（3）资产处置权。子公司的对外长期投资、无形资产、关键设备、成套设备、重要建筑物、限额以上的资产、资产重组涉及的资产处置必须经母公司审批，流动资产及其余资产的处置可由子公司自主决定，但须报母公司备案。子公司拥有资产的日常管理权。母公司对子公司重要资产的处置拥有监控权。

(4) 资本运营权。子公司的对外投资、合并、分立、转让、改制等资本运营活动决策权限集中在母公司，各子公司一般没有这一权限。集团公司财务部应该拥有更大的资本运营管理权限，以适应集团发展对财务管理提出的新要求。

(5) 资金管理权。母公司实行集团内部资金集中统一管理。具体来说，就是将集团内部的资金结算、各子公司超过限额的对外资金支付、子公司在银行开设账户、子公司的资金收入以及子公司间的资金调剂等事项由母公司统一办理和审批。子公司主要负责资金的日常管理、制定资金内部管理办法、编制资金收支计划、组织资金收支平衡、进行资金收支业务的核算。为保证子公司经营的灵活性和零星开支需要，母公司应该给予子公司限额以内的资金支付权。

(6) 成本费用管理权。集团母公司通过预算控制手段（下达预算——→检查进度——→考核结果）对各子公司和下属单位的成本费用进行间接管理。另外，集团子公司和下属单位所计提的各项税金、基金及附加费、保险费应集中汇缴至母公司，由母公司统一对外缴纳，统一管理和监督。

(7) 收益分配权。在集权方式下，全资子公司的可分配利润应该由母公司统一支配、调度，但从子公司的持续发展角度考虑，有必要给予子公司一定比例的利润留成；全资子公司的收益分配方案由子公司董事会制订，上报母公司审批后执行。而对于控股、参股子公司，其收益分配方案由董事会制订，并经子公司的股东大会或股东会审议通过。

六、建立多层次的资金管控

在现金为王的时代，集团资金管理的基本目标就是保持与经营相匹配的适度资金，保持现金资产和负债在期限、币种、利率上有一个合理的结构。应该遵循的原则是：集中性原则、时机性原则、协同性原则、权变性原则和求利性原则。在实践中，越来越多的企业集团采用集中的资金管理方式来加强协同和控制，并提高集团整体的资金使用效率。集中式资金管理模式主要有：报账中心模式、结算中心模式、内部银行、财务公司模式、“现金池”模式。实践证明，大型集团公司只有集约化、规模化经营，才可能在全球条件下的市场竞争中占有一席之地。全面集中管理尤其是资金的全面集中管理已成为必然，而快速高效的智能式信息化管理也已成为资金全面集中管理的必然手段。财务管理资金管控的具体内容可以包括：衡量并确定企业集团所需要的资金需要量，筹集企业集团所需要的资金，有效地使用企业集团资金。推动资金的持续高效率运转，是集团财务管理工作的核心。母公司明确资金管理的目标、原则，根据自身条件和外部环境选择组合的资金管理模式，建立、完善资金管理体系，是全球化竞争时代的必然要求。

七、建立全面预算体系和偏差分析

预算管控是通过经营计划和经营预算的方式来达成集团公司管控的目的。预算管控与战略管控相衔接，可将集团下属企业经营管理的各个环节纳入总部管控的强大怀抱。具体包括经营预算、资本预算和财务预算，建立预算管控组织架构和预算编制模式，并督促和管控各预算单位和员工通过行动、计划将预算转化为预期的公司业绩。偏差分析是通过对实际执行数同管控目标进行比较，发现偏差并找出偏差原因，实现一种动态的实时监控。

八、建立成本核算和审计体系

多层次成本核算对象。母公司成本核算是建立在各个子公司成本核算基础上的，因此，要对子公司的核算方法加以限定。跨层次整合审计体系，内容上有财务收支审计、内部控制审计、经济责任审计、工程项目审计、经济合同审计、经济效益审计、环境内部审计、风险管理审计和舞弊审计。

九、建立内部控制风险管理和环境建设

财务内部控制和风险管理是企业集团进行财务管控的重要内容。内控体系框架分五个方面：原则性的财务、会计制度；综合性管理制度；财务收支审批报告制度；财务机构与人员管理制度；成本费用管理制度。财务风险管理应该是一个连续的、循环的、动态的过程，建立风险管理目标、风险分析、风险预警、风险决策、风险处理等。而在集团财务环境建设应该从信息化建设、制度化建设、诚信体制建设和企业文化建设入手。

通过以上集团财务管控体系的构建，华彩咨询希望可以为我国重工集团企业的发展有所助推，为我国工业体系的下一轮大发展提供优质的服务。这是华彩咨询所有同仁的共同心愿，愿为大中国崛起贡献力量！

第六章

案例：中船集团的强力管控

强力集团管控让中船集团更大更强

中国船舶工业集团公司（英文简称 CSSC，简称中船集团公司）组建于 1999 年 7 月 1 日，是中央直接管理的特大型企业集团，是国家授权投资机构。CSSC 是中国船舶工业的主要力量，旗下聚集了一批中国最具实力的骨干，有造修船企业、船舶研究设计院所、船舶配套企业及船舶外贸公司，共有约 60 家独资和持股企事业单位。

造船是 CSSC 的主业。在军船方面，CSSC 研制的产品几乎涵盖了我国海军所有主战舰艇和军辅船装备，是中国海军装备建设的骨干力量。在民船方面。CSSC 能够建造符合世界上任何一家船级社规范，满足国际通用技术标准和安全公约要求，适航于任一海区的现代船舶。其产品种类从普通油船、散货船到具有当代国际水平的化学品船、客滚船、大型集装箱船、大型液化气船、大型自卸船、高速船、液化天然气船、超大型油轮（VLCC）及海洋工程等各类民用船舶与设施，船舶产品已出口到 50 多个国家和地区。

目前，全球船舶制造行业持续景气，在东亚中日韩形成三足鼎立局面。其中，中国的市场份额不断扩大，世界船舶工业向我国产业转移趋势已经确立，我国造船业将继续加速发展。与此同时，国内造船企业正在加速整合，并创造了越来越多的投资机会。

同时，国际航运业的波动起伏也对造船业的发展带来重大影响，船舶行业的周期性波动也时常引起人们的担心。尤其是在经历了持续4年的景气高峰后，未来5年全球主要船厂的接单势头会逐渐减弱。但本次全球造船业旺盛期的来势之猛、持续时间之长出乎大部分人意料，进入造船高峰期之初各船厂的储备产能很小，结果造成目前全球主要船企手持新船订单仍相当于今后3~4年的作业量。

总之，对于中船集团来说，既面临极佳的发展机遇，也存在较大的环境风险。正是在这样的背景下，CSSC提出了“五三一”奋斗目标，即在2005年、2010年分别进入世界造船集团“五强”、“三强”的基础上，再经过5年的努力，到2015年力争成为世界第一造船集团，从而推动中国成为世界第一造船大国。为实现这一目标，CSSC重点建设好中船长兴造船基地和中船龙穴造船基地。到2015年，造船能力将由现在的400万吨提高到1400万吨，产品涵盖液化天然气（LNG）船、豪华游轮等高技术船舶。

华彩研究发现，中船集团从诞生那天起就先天是一个强者。因为其旗下聚集了一批中国最具实力的骨干造修船企业、船舶研究设计院所、船舶配套企业及船舶外贸公司；而且在近8年的成长历程中，它充分借助集团有效管控的力量，一天天茁壮成长，变得更大更强。我们认为，中船的管控之路才刚刚开始。尤其是在机遇和挑战并存，宏伟蓝图业已勾勒出雏形这样的背景下，它必须在对集团的管控方面下更多的工夫，才能更顺利地实现其战略发展目标。

一、中船研发管控方面

重构新型研发模式。针对技术创新的迫切需要，中船集团内部重新构建研发模式。新的研发模式从组织机构上进行了重组和分工，借用协同软硬件和信息化平台，优化研发流程，推行设计调试分线，实施矩阵管理和跨团队管理，把合适的人放在合适的岗位从事合适的工作，使研发人员将主要精力放在创新能力和工程设计水平的提高上，保证持续发展的原动力。调试线可以对产品的使用性能和保障性能进行客观验证，消除设计中的低级错误和低层次问题，大幅提高最终产品的用户满意度。

计划管理实现制度化。在年度科研生产计划的基础上，每月制订各项目实施计划，每周对项目进展情况进行梳理、检查、通报，及时发现问题，及时协调解决，保证项目按计划有序推进。制定了科研过程管理办法与规范。2007 年上半年先后制定了科研周例会制度、研究室月报表管理制度、科研原始记录管理办法等，进一步规范科研项目研究过程记录，提高了科研效率，有效促进技术人员之间的技术交流。

注重科研过程督促与协调。将执行多年的以半年、年度为督促检查节点的科研管理模式，转变为“日计划、周考核、月总结、季检查”的模式，切实做到不断发现问题、积极解决问题，并执行科技工作季度总结与简报制度，对科研工作起到了较好的督促作用。

技术状态管理实现规范化。该所制定有关技术状态清理确认工作规定，按照要求制订计划，对现役产品进行全面技术状态清理。

明确课题责任。落实课题负责人，让课题负责人有充分时间进行课题研究工作。研究所与课题负责人及研究室第一责任人签署责任状，明确课题的责权利，进一步调动科研人员的积极性。

创新科研项目团队管理方式。选择有钻研精神和奉献精神、具有一定技术设计能力和研发经验的技术骨干组建项目团队；在论证和攻关的关键阶段，必要时实行集中办公。课题全面展开后，纳入研究室项目管理，实行计划管理按重要节点考核、次要节点动态控制的管理新模式。

二、供应链管控方面

建立供应商廉洁承诺制度。供应商在申请准入评价、提供相关资质证明文件的同时，应提交廉洁承诺书，承诺在与集团公司业务交往过程中不得实施任何商业贿赂行为，否则将承担法律责任。相关人员在与核心供应商签订合作协议或承包商签订重大建设项目合同时，应同时签订廉洁协议，约定双方的廉洁责任，共同抵御商业贿赂。

建立供应商“黑名单”制度。把向集团公司相关人员进行商业贿赂以谋取不正当利益的供应商列入“黑名单”。建立“黑名单”信息库，并根据供应商违规情节不同，确定列入“黑名单”2 年、3 年、5 年等不同期限；对后果严重、影响恶劣的，可根据情节延长列入“黑名单”的期限。对列入“黑名单”的供应商，必须立即取消供应商资格；在规定期限内，不得采购“黑名单”中供应商提供的任何产品或服务。

定期组织对供应商进行复查评审，建立供应商信息库。加强本单位采购人员的教育、管理和监督，建立采购部门负责人和采购人员定期按比例轮岗交流制度，原则上在采购性质岗位上连续任职不得超过5年，累计任职不得超过10年。

三、稽核方面

组织专项监督检查。例如，2005年5月1日~7月30日，集团公司组织开展了“三重一大”制度执行情况专项检查活动。检查采取单位自查与集团公司抽查相结合方式。检查活动结束，集团公司纪检组、监察部向党组写了“三重一大”制度执行情况专项检查总结报告。最后，又按照集团公司领导在报告上的批示精神，通知有关单位对存在问题进行整改。大家普遍反映，通过专项检查，各单位进一步提高了在改革发展新阶段贯彻执行“三重一大”决策制度重要性的认识，完善了有关制度，规范了各级领导人员从业行为，提高了单位的经营管理水平和风险控制能力。

开展巡视进行监督检查。自2005年以来，集团公司认真贯彻中央精神，制定了《中船重工集团公司巡视工作暂行办法》，积极开展巡视工作，并把“三重一大”决策制度执行情况列入巡视工作监督检查的重要内容。巡视组通过列席有关会议、调阅会议记录和文件资料、个别谈话等形式，重点了解单位是否建立了有关规章制度和决策程序，在涉及“三重一大”决策事项时领导班子特别是主要负责人是否按规定和程序由集体讨论决定。针对存在的问题，巡视组及时向被巡视单位提出较为具体的整改意见和建议。

结合领导班子考核开展监督检查。近年来，集团公司按照中央建设“四好班子”要求，紧密结合集团快速发展的实际，着力加强各级领导班子政治鉴别力、战略决策力、统筹协调力、组织执行力、清廉自律力五大能力建设，不断提高经营管理水平。在考核各级领导班子时，集团公司十分注重考察领导班子及其成员民主、科学决策的意识和能力。对于考察发现的问题，及时提醒有关人员，责其改正；对仍不改正的，及时坚决采取组织措施予以调整，始终保持上级组织较强的监督控制力。

四、管控模式创新方面

管理模式的创新。例如，为了适应产业公司化的要求，七二五所创造性地实施了“一所两制”的管理模式，建立了研究所和双瑞集团两套管理体制。对军工科研沿用研究所的模式管理，注重考核科研质量和水平，注重专利和成果转化，科研为保军和产业的跨越式发展提供技术支撑；对科技产业以公司的形式进行管理，依照具体情况分别采用战略管理或财务管理两种模式。两种模式的实施是七二五所探索科研院所在保证军工科研任务完成的同时，加速成果转化、做强做大民用科技产业的大胆创新，在实践中取得了良好的效果。

五、风险管控方面

加强控制和防范法律风险。公司坚持依法治企，做到依法决策、依法管理、依法经营，逐步加强对重点领域的法律风险防范工作，有效控制和化解企业在经营、生产、投资等方面的风险。公司注重法律知识的宣传教育，不断提高领导干部、员工的法律意识。

加强财务风险管控工作。公司继续做好预算管理工作，加强对投融资决策和大额资金管理，狠抓应收账款的及时回收工作，做好产品制造成本管理和内部核算管理。

质量管理工作。公司不断强化现场管理，严格工艺纪律；坚决杜绝颠覆性质量事故，避免重复性问题发生，消除因低级错误引起的产品质量事故。

加强生产管控工作。强化和完善安全责任制和安全生产考核制度，对事故隐患进行经常化排查、整改，加强专项治理工作，积极做好重大事故应急预案；推进“5S”管理，抓好安全生产培训教育、职业安全体系建设等基础工作，筑牢安全生产基础。

加强保密管控工作。强化全员的敌情意识、保密意识，要求全员严格执行各项保密规章制度，照章办事，从思想深处时刻绷紧这根弦。此外，公司还实施了安全保密责任追究制度，逐步建立、健全安全保密工作长效机制。

六、其他管控手段方面

首先，全面预算进行管控。例如，近几年根据中船重工的统一部署，宜昌船柴下大力气推动全面预算管理。这种管理是精细化管理在成本控制上的具体运用，能够优化流程、提高品质、降低不必要的损耗。根据全面预算管理的规定，宜昌船柴将预算费用指标在保证横向到边、纵向到底的基础上，层层分解落实到主管处室和车间。年末编制好下一年度预算，季末检查预算执行情况。建立费用支出预警机制，及时通报费用支出情况。加强财务风险管理，特别是对应收账款进行管理，每月编报出口产品收款及应收未收账款情况，为主管领导及处室提供预警信息。对低耗品、差旅费、办公费、业务招待费、会议费、通信费等精打细算，杜绝超预算支出。工厂货订源头，比价采购；整治跑冒滴漏，科学调度用电，避开用电高峰，利用电价差降低成本；利用财务杠杆，降低财务费用。2006年，宜昌船柴在工业总产值同比增长27%的情况下，管理费用却保持与上年持平。这一成绩是在工厂加大科研开发，技术开发费用同比上涨104%的情况下取得的。

其次，通过扁平化组织进行管控。中间管理层次越多，效率越低；反之，中间管理层次越少，效率会越高。宜昌船柴下大力气减少管理层次，首先对生产车间内部管理进行调整，压缩、整合股（段）一级编制及人员，强化班（组）长的职责权限。车间的生产指令直接由车间主任下达到各班组。工厂还对管理处室进行拆并重组，职能合并。10个后勤处室从工厂整体剥离，面向市场自谋发展；18个处室被重组，职能划归到8个处室；中层干部由原来的150多人减少到50多人，管理的效能大大提高。

最后，通过过程跟踪进行管控。产品交验出厂后如果用户反馈质量问题，能够在第一时间查出是哪个车间哪道工序哪个员工的责任。这是宜昌船柴在近几年出口燃机产品生产过程中加大过程控制取得的成果。由于产品质量可追溯、易跟踪，执行层面的质量意识进一步加强，宜昌船柴的产品质量近几年一直比较稳定，得到用户肯定，没有收到重大投诉。

通过对中船集团管控行为的分析和研究，我们可以得出如下的判断：中船集团的管控到目前为止还是很有效的，有很多可圈可点之处，为其多年的发展壮大立下了汗马功劳。但是中船集团这艘大船，正行驶在国际激烈竞争的惊涛骇浪之中。前行的路上肯定会有很多风浪，甚至是“海啸”，尤其是潜在的市场风险。中船集团必须要更加重视其风险的管控，加强信息管控工作，尽量消除“信息黑洞”。同时把成功的经验模式化，更好地在集团内部的复制和推广。

“未雨绸缪，居安思危”，从强化集团管控入手，中船集团就能走得更好更远。

总　结

以上各章内容对国内外重工企业的现状、发展进行了细致深入的探讨和比较。其重要的借鉴参考意义更是显而易见，分析了我国重工企业的现状、机遇、挑战和发展战略。在不断深化改革和市场化运作上，重工集团化迅速发展。我国重工集团正面临着前所未有的大好机遇，如何快速发展、如何提高集团化管理水平成为更为迫切的需求。集团管控体系的构建实施无疑为重工企业的再次腾飞提供了有力的保证。通过在集团母公司、子公司多个层面、多个纬度上的有效集团管控，构建强大的战略管控体系、财务管控体系、人力资源管控体系、文化管控体系、组织管控体系、研发管控体系、供应链管控体系、营销管控体系、品牌管控体系、联盟管控体系、国际化管控体系、审计管控体系、资产管控体系、信息管控体系和风险管控体系，结合重工集团企业的特点构建集团管控体系，打造大而强的中国重工集团，为大中国的崛起添上隆重的一笔！